Schlaglichter der *4. berlin biennale* für zeitgenössische kunst

Reviewed Research. Auf den Punkt gebracht.

VS College richtet sich an hervorragende NachwuchswissenschaftlerInnen. Referierte Ergebnisse aus Forschungsprojekten oder Abschlussarbeiten werden in konzentrierter Form der Fachwelt präsentiert. Zur Qualitätssicherung werden externe Begutachtungsverfahren eingesetzt. Eine kompakte Darstellung auf 60 bis maximal 120 Seiten ist dabei das Hauptkennzeichen der neuen Reihe.

Micaela Cecchinato

Schlaglichter der *4. berlin biennale für zeitgenössische kunst*

Lebenswelten von Künstlern und Besuchern

COLLEGE

Micaela Cecchinato
Berlin, Deutschland

ISBN 978-3-531-19840-8   ISBN 978-3-531-19841-5 (eBook)
DOI 10.1007/978-3-531-19841-5

Die Deutsche Nationalbibliothek verzeichnet diese Publikation in der Deutschen National-bibliografie; detaillierte bibliografische Daten sind im Internet über http://dnb.d-nb.de abrufbar.

Springer VS
© Springer Fachmedien Wiesbaden 2013
Das Werk einschließlich aller seiner Teile ist urheberrechtlich geschützt. Jede Verwertung, die nicht ausdrücklich vom Urheberrechtsgesetz zugelassen ist, bedarf der vorherigen Zustimmung des Verlags. Das gilt insbesondere für Vervielfältigungen, Bearbeitungen, Übersetzungen, Mikroverfilmungen und die Einspeicherung und Verarbeitung in elektronischen Systemen.

Die Wiedergabe von Gebrauchsnamen, Handelsnamen, Warenbezeichnungen usw. in diesem Werk berechtigt auch ohne besondere Kennzeichnung nicht zu der Annahme, dass solche Namen im Sinne der Warenzeichen- und Markenschutz-Gesetzgebung als frei zu betrachten wären und daher von jedermann benutzt werden dürften.

Gedruckt auf säurefreiem und chlorfrei gebleichtem Papier

Springer VS ist eine Marke von Springer DE. Springer DE ist Teil der Fachverlagsgruppe Springer Science+Business Media
www.springer-vs.de

Danke an...

... Sensei; Prof. Dr. Kahrmann und Univ.-Prof. Dr. Heinze für das Vertrauen; Bbie, Fede, Kate, Philipp, Simona, Steffi, Susi, Ulisse und Vivi für die kostbare Zeit, die ihr mir geschenkt habt; Alessandro und Javier für eure Begeisterung; Maria, mein Zuhause in Kaiserslautern; Herrn v. Harling @ KW Institute for Contemporary Art für die Großzügigkeit; Diana Hunnewinkel, Julia Köhler und Hanne Tonger-Erk @ Sies + Höke, Düsseldorf, für all die zusätzliche (!) Arbeit, die ihr für mich geleistet habt; Gregor, Erika, Sabine, Sophie, Tien und Johann @ Johann König, Berlin, für die Zeit, die ich mit euch verbringen durfte; Maria Burlotti @ GALLERIA CONTINUA, San Gimignano / Beijing / Le Moulin, für alle die Bilder, die du mir so schnell zugeschickt hast; Frau Schuler und Heide @ Sprüth Magers für die einmalige Chance Abbildungen meiner geliebten Fischli / Weiss in dieser Arbeit reproduzieren zu dürfen.

Auguststraße / Große Hamburger Straße, Berlin - Mitte, März 2006
Foto M. Cecchinato

Inhalt

Abbildungen und Tabelle...11

1 Einleitung..13

2 Die Berlin Biennale: Eine historische Übersicht....................................17

3 Zur Konzeption der 4. berlin biennale..21

**4 Aus der künstlerischen Arbeit:
Methodologie und Kunstwerke - Auswahlkriterien**..................................29
  4.1 Kris Martin: „Mandi III"...33
    4.1.1 Daten zum Kunstwerk..33
    4.1.2 Mögliche Lesarten des Kunstwerks..34
    4.1.3 Objektive Merkmale..35
    4.1.4 Kontexte..36
      4.1.4.1 Gattung..36
      4.1.4.2 Zeitgenossin: Alicja Kwade...37
      4.1.4.3 Zusätzliche Kunstwerke von Kris Martin...........................39
      4.1.4.4 Über die Kunst von Kris Martin..41
      4.1.4.5 Ausstellungsort: St. Johannes-Evangelist-Kirche...............43
    4.1.5 Zusammenfassende Interpretation...46
  4.2 Florian Slotawa: „Ersatzturm"...48
    4.2.1 Daten zum Kunstwerk..49
    4.2.2 Mögliche Lesarten des Kunstwerks..49
    4.2.3 Objektive Merkmale..51
    4.2.4 Kontexte..52
      4.2.4.1 Gattung..52
      4.2.4.2 Zeitgenossen: Peter Fischli und David Weiss....................53
      4.2.4.3 Zusätzliche Kunstwerke von Florian Slotawa....................54
      4.2.4.4 Über die Kunst von Florian Slotawa...................................57
      4.2.4.5 Ausstellungsort: KW Institute for Contemporary Art........59
    4.2.5 Zusammenfassende Interpretation...62
  4.3 Berlinde De Bruyckere: „lichaam (corpse)"......................................64
    4.3.1 Daten zum Kunstwerk..64
    4.3.2 Mögliche Lesarten des Kunstwerks..65
    4.3.3 Objektive Merkmale..66

    4.3.4 Kontexte 67
        4.3.4.1 Gattung.. 67
        4.3.4.2 Zeitgenossin: Lisa Lapinski 68
        4.3.4.3 Zusätzliche Kunstwerke von Berlinde De Bruyckere 70
        4.3.4.4 Über die Kunst von Berlinde De Bruyckere 71
        4.3.4.5 Ausstellungsort: Alter Garnisonfriedhof 73
    4.3.5 Zusammenfassende Interpretation 76
    4.4 Versuch einer Auswertung.. 77

5 Pressespiegel und Medienecho **79**

6 Fazit **83**

7 Schluss **85**

8 Literatur **87**

Abbildungen

Cover: Auguststraße / Große Hamburger Straße (Berlin 2006).............7
Abb. 01: M. Gioni, A. Subotnick, M. Cattelan (Berlin 2006)...............20
Abb. 02: Gagosian Gallery, Berlin (Berlin 2006)............................... 22
Abb. 03: Die Ausstellungsorte der bb4 in der Auguststraße (Berlin 2006)..........25
Abb. 04: K. Martin *Mandi III*..33
Abb. 05: A. Kwade *Watch 6 (Saikosha), Watch 12 (Kienzle)*...............37
Abb. 06: A. Kwade *Berliner Bordsteinjuwelen, Kohle (Union 666)*...................38
Abb. 07: K. Martin – die Mandi Reihe.. 39
Abb. 08: K. Martin *On air, Now*.. 40
Abb. 09: St. Johannes-Evangelist-Kirche und die Auguststraße (Berlin 2006)...44
Abb. 10: K. Martin *Mandi III* Installationsansicht (Berlin 2006).......................45
Abb. 11: F. *Ersatzturm* Installationsansicht (Berlin 2006)................................48
Abb. 12: Fischli / Weiss *Die Erscheinung, Flirt Liebe Leidenschaft Hass*..........53
Abb. 13: F. Slotawa *Untitled* Installationsansicht................................. 54
Abb. 14: F. Slotawa *Grüne Motorräder*..55
Abb. 15: F. Slotawa *Motorräder* Installationsansicht............................56
Abb. 16: KW Institute for Contemporary Art (Berlin 2006)..................60
Abb. 17: O. Croy / O. Elser *Sondermodelle* Installationsansicht (Berlin 2006)..61
Abb. 18: B. De Bruyckere *lichaam (corpse)*.....................................64
Abb. 19: L. Lapinski *Tobacco Camel 1*..68
Abb. 20: B. De Bruyckere *K36 (The Black Horse), Per Benedetto*....................70
Abb. 21: Alter Garnisonfriedhof (Berlin 2006).......................................74
Abb. 22: B. De Bruyckere *lichaam (corpse)* Installationsansicht (Berlin 2006). 75
Abb. 23: *lichaam (corpse)* von De Bruyckere in der Presse (2006)...................82

Tabelle 1: Dauer der 4. berlin biennale für zeitgenössische kunst.....................27

1 Einleitung

Der Begriff „Großausstellung" bezeichnet temporäre Ausstellungen, die meistens einen Überblick über den aktuellen Stand der Kunst schaffen. Die Biennale di Venezia, die dOCUMENTA in Kassel und die Skulptur.Projekte in Münster sind weltbekannte Beispiele. Nicht nur für den Kunstbereich, sondern auch für die Kulturpolitik ist das Format „Biennale" attraktiv: renommierte Kunst lockt Besucherströme an und gibt dem Image einer Stadt bzw. eines Landes neuen Glanz. Insbesondere die jüngeren Großausstellungen, die in den 1990er und 2000er Jahren gegründet wurden, erweisen sich als besonders kostengünstig. Um ihre jeweiligen Editionen mit starken thematischen Grundlagen zu versorgen, nutzen ihre Kuratoren bewusst vorhandene städtische Infrastrukturen „mit lebendiger Vergangenheit" (Vogel 2010, S. 109). Die Kunst schreibt die Funktion solcher (oft zerfallender) Gebäude und Areale um und setzt damit nachhaltige Veränderungen in der Stadtlandschaft in Gang (ebd.). Oft initiiert dieses Phänomen die berüchtigte Gentrifizierung, einen sozioökonomischen Umstrukturierungsprozess von ursprünglich preisgünstigen Stadtvierteln[1]. Eklatante Beispiele der 1990er Jahren sind die radikale Umdefinition des Londoner East Ends[2] sowie der Leipziger Baumwollspinnerei[3]. Nach Jahren der Verwüstung wurden beide Areale von extrem lebendigen Kunstszenen revitalisiert. Der massive Erfolg der dort ansässigen Künstler brachte beiden Städte nationale wie internationale Aufmerksamkeit. Großausstellungen stehen demnach im Einklang mit einer heutzutage unverzichtbaren Kultur der Nachhaltigkeit. Für solche Kunstevents werden keine prestigeträchtigen Bauprojekte benötigt, deren Folgekosten kaum abschätzbar sind (vgl. Klein 2008, S. 122) und katastrophale Konsequenzen für die Kassen einer Stadt haben können. Ihre Budgetierung ist relativ übersichtlich.

Laut Angaben der Kunstkritikerin Sabine B. Vogel finden heute in mehr als 52 Ländern über 150 dieser im Mehrjahresrhythmus veranstalteten Kunstausstellungen statt (vgl. Vogel 2010, S. 6). Das Format ist also scheinbar so zugänglich und nutzbringend, dass keine Stadt bzw. kein Land darauf verzichten will. Diese „Biennale-Inflation" wird einzig und allein als Grund für die mittelmäßigen

---
[1] Diesbezüglich (und im Bezug auf Berlin) empfiehlt es sich folgenden Artikel zu beachten: Tillmann, S.: Gentrifizierung. In: Röger, K. (Hg.): Gentrifizierung, Mythos & Wahrheit und wie sich Mieter schützen können. Zitty, Berlin, Ausgabe 21, 2011, S.15
[2] Muir, G.: Lucky Kunst. Aurum Press, London 2010
[3] www.zeit.de/2010/17/S-Leipzig-Baumwollspinnerei (zugegriffen am 23.02.2012)

künstlerischen Leistungen dieser Events angegeben. In der einschlägigen Fachliteratur hingegen wird aber schon seit über einem Jahrzehnt immer wieder die kuratorische Standardisierung als Grundproblem benannt: viele Biennalen stellen austauschbare Konzepte vor. Überall auf der Welt werden die immer gleichen Künstler mit den gleichen Kunstwerken in den gleichen Zusammenhängen präsentiert (vgl. Liebs 2011, S. 71):

> „Nicht anders als bei den Olympischen Spielen bewerben sich hier Städte darum, führenden Göttern des künstlerischen und kuratorischen Avantgarde eine Heimstatt bereiten zu dürfen. Und so liegt auch der Impetus zu etlichen internationalen Großausstellungen nicht unbedingt darin, dem lokalen Publikum dadurch ein reicheres und komplexeres Verständnis künstlerischer Bewegung zu vermitteln, dass Formen und Konzepte international beachteter Kunstproduktion vorgestellt und in Dialog gebracht werden, sondern schlicht einen unbedingten Willen zur Globalität zu verkünden." (Enwezor 2002, S. 25)

Es geht nur bedingt um Kunst und nicht zwangsläufig um einen Platz in der globalen Kunstszene. Vielmehr interessiert, damit einen Platz in der weltwirtschaftlichen und weltpolitischen Szene zu gewinnen (vgl. Storr (Hg.) 2007, S. 202). Nicht das Format „Großausstellung" ist nun schwierig, sondern wie in diesem Zusammenhang mit Kunst kommuniziert wird.

Die 4. berlin biennale für zeitgenössische kunst[4] fand im Frühling 2006 statt. Inmitten der „Biennale-Inflation" und in einer kritischen Phase der Kulturpolitik Berlins wurde die sogenannte bb4 zum Überraschungserfolg. Die internationale und nationale Presse als auch die vielen Fachbesucher lobten sie ausdrücklich. Mehr als 800 Berichte wurden darüber geschrieben. Neben der erwarteten Berichterstattung in allen relevanten Tages-, Wochenzeitungen und Fachpresse aus Deutschland, Österreich und der Schweiz war das Medienecho auch in Italien, Großbritannien, Polen, Luxemburg, Schweden, Niederlande, Russland, China, USA, Indonesien und Japan umfangreich. Aber nicht nur beim Fachpublikum, sondern auch beim breiten Publikum war das Interesse überraschend groß. Die Eröffnungstage vom 24. bis 26. März 2006 deuteten einen überragenden Erfolg bereits an. Allein während dieser Tage besuchten ca. 10.000 Gäste die bb4. Nach zehn Wochen ging die Biennale dann mit über 83.000 zahlenden Besuchern zu Ende. In jeder Hinsicht war sie die bis dato erfolgreichste Ausstellung der KW Institute for Contemporary Art[5]. Die Faszination und Anziehungskraft dieser Veranstaltung sind eindeutig. Warum aber haben sich so viele Menschen

---

4   In allen offiziellen Pressemitteilungen der 4. Edition der Berlin Biennale, in ihrem Katalog sowie auf der Webseite der KW Institute for contemporary art wurde „4. berlin biennale für zeitgenössische kunst" immer kleingeschrieben. Diese besondere Schreibweise wird in der vorliegenden Arbeit unverändert übernommen.

5   KW steht für Kunst-Werke des gleichnamigen Vereins, der die Institution trägt. In der Kunstszene wird die Institution (sowie in der vorliegenden Arbeit) einfach nur KW genannt.

1 Einleitung

besonders von dieser Biennale angesprochen gefühlt? Nach Meinung der Autorin begründet sich der Erfolg der bb4 im experimentierfreudigen, wie auch sorgfältigen Umgang der Kuratoren mit den grundlegenden Institutionen der Kunst – Museum, Ausstellung und Katalog (vgl. Lüddemann 2007, S. 53). Dieses Spektrum an Institutionen wird hier auf die Ausstellung mit einer Auswahl von drei Kunstwerken reduziert. Ausgangspunkt dieser Arbeit ist die Rezeption der Kunstwerke bei den Betrachtern. Ziel ist es die Überlappungen der Lebenswelten der Künstler und der Rezipienten innerhalb des von den Kuratoren kreierten Kontexts der bb4 zu identifizieren. Dahinter liegt die Überzeugung der Autorin, dass diese den Publikumserfolg der Biennale begründen. Ulrich Oevermanns Objektive Hermeneutik liefert dafür nicht nur einen passenden theoretischen Rahmen. Vielmehr stellt sie mit jener Sequenzanalyse ein wissenschaftliches Verfahren zur Verfügung, welches die Durchführung mehrerer auf Objektivität gerichteter Analysen erlaubt. In der Sequenzanalyse der drei ausgewählten Kunstwerke wird immer das gleiche, von Lüddemann schon erfolgreich angewandte Gerüst befolgt (vgl. Heinze / Lüddemann / Heinze-Prause 2009, S. 57). Lüddemanns Gerüst wird jedoch leicht verändert, um die sehr prägenden Ausstellungsorte dieser Biennale in die Analyse zu integrieren. In der abschließenden Gegenüberstellung der zusammengefassten Interpretationen der drei Kunstwerke soll ein roter Faden erkannt werden, der zugleich als Begründung des Erfolgs dieser Biennale dient. Schließlich wird im Pressespiegel der Biennale nach Indizien gesucht, die das Ergebnis der Analysen verifizieren können.

2 Die Berlin Biennale: Eine historische Übersicht

Die Berlin Biennale ist unmittelbar mit den Unternehmungen des deutschen Kurators Klaus Biesenbach verbunden. 1991 gründete Biesenbach mit der Hilfe anderer Kunstbegeisterter in einer zerfallenden Margarinefabrik in Berlin - Mitte die KW. „37 Räume", eine der ersten Ausstellungen der privaten Institution, sorgte schnell für internationale Aufmerksamkeit auf die rasante Entwicklung Berlins zum erstklassigen Zentrum der Produktion zeitgenössischer Kunst:

> „37 Räume wurden gefunden und 37 KuratorInnen und KunstvermittlerInnen eingeladen, jeweils für eine Woche einen dieser Räume zu bespielen. Im Juni 1992 eröffnete die Ausstellung und brachte zahlreiche lokale und internationale BesucherInnen, erste Rezensionen der lokalen Presse und in internationalen Kunstmagazinen folgten und markierten die KW als eine ehrgeizige Kunstinstitution." (vgl. Cattelan / Gioni / Subotnik (Hg.) 2006, Kurzführer S. 11)

Die Ähnlichkeiten mit dem Format der legendären Ausstellung „Chambres d'amis", die der belgische Kurator Jan Hoet 1986 in Gent (Belgien) organisiert hatte, sind kein Zufall (vgl. Pfeffer (Hg.) 2012). Beide Ausstellungen teilten die gleiche Betrachtungsweise. Kunst ist kein getrenntes Phänomen, sondern Bestandteil ihrer direkten Umgebung. Kunst kann deswegen ihre psychologische Komponente am besten in ganz gewöhnlichen Räumen (z.B. privaten Wohnungen) entfalten. Das, was von der Presse als Ehrgeiz empfunden wurde, war stattdessen schiere Notwendigkeit der Begründer der KW die Institution als Labor für die Vorstellung und Weiterentwicklung der jüngsten zeitgenössischen Kultur so rasch wie möglich zu etablieren (vgl. Cattelan / Gioni / Subotnik (Hg.) 2006, Kurzführer S. 11). Wuchtige Immobilienspekulation fand in Berlin - Mitte schon kurz nach dem Mauerfall statt. Dass der Kunst-Werke e.V. die Fabriketagen der alten Margarinefabrik behalten würde, war keine Selbstverständlichkeit. Das Medienecho rund um „37 Räume" half dem Verein, private Förderungen zu gewinnen und die alte Fabrik für seine Zwecke zu sichern.

Der Höhepunkt des Engagements Biesenbachs für die KW wurde 1998 mit der Gründung und Durchführung der ersten berlin biennale erreicht. Ziel war es, „eine Ausstellung zu planen, die so groß und wichtig sein würde, dass die KW dann auch wirklich irgendwann fertig gestellt werden müssten" (Cattelan / Gioni / Subotnik (Hg.) 2006, Kurzführer S. 11). Unter der künstlerischen Leitung von Biesenbach und in Zusammenarbeit mit den Kuratoren Nancy Spector und

Hans Ulrich Obrist beanspruchte die 1. berlin biennale Berlin als Standort internationalen zeitgenössischen Kunstschaffens: „Der Titel 'Berlin/Berlin' war Programm in einer Ausstellung, die vor allem die Stadt selbst unter die Lupe nahm und die verschiedene Formen zeitgenössischer Kunst präsentierte, die hier vorzufinden waren" (Kunst 21 2006, S. 34).

Trotz des riesigen Interesses, das diese Biennale für die „immer werdende" Stadt Berlin in Deutschland sowie im Ausland weckte, war die Veranstaltung für ihre Weiterfinanzierung auf sich selbst angewiesen. Dementsprechend fanden die 2. und 3. Editionen in unregelmäßigen zeitlichen Abständen und unter harschen finanziellen Bedingungen statt. Die 2. Edition wurde im Jahre 2001 von Saskia Bos kuratiert, die sehr junge internationale Künstler in die Stadt einlud, um mit dem Berliner Publikum zu interagieren. Die von Uta Meta-Bauer kuratierte 3. Edition im Jahre 2004 „verlor sich in anstrengenden Diskursanalysen, die irgendwie mit Berlin zu tun hatten" (Baier 2006). Diese Edition wurde von Fachbesuchern heftig kritisiert. Der Veranstaltung drohte das endgültige Aus. In Dezember 2003 kam jedoch die Entscheidung der Kulturstiftung des Bundes die Berlin Biennale für die folgenden fünf Jahre zu fördern und ihre 4. Edition mit 2,5 Millionen Euro zu dotieren:

> „Für die Kulturstiftung des Bundes ist die berlin biennale ein kultureller 'Leuchtturm', der das Spektrum zeitgenössische Kunstschaffens in herausragender Weise repräsentiert. Sie hat sich deshalb für eine Förderung der 4. und 5. Aufgabe dieser internationalen Kunstausstellung entschieden und ihr damit eine Planungssicherheit gegeben [.../...]."
> (vgl. Cattelan / Gioni / Subotnik (Hg.) 2006, Kurzführer S. 7)

Nicht die Stadt Berlin, die kaum noch Gelder für Kultur zu Verfügung hatte, sondern der Staat Deutschland setzte auf die privat initiierte Biennale. Seit längerem sorgte „die Kunst aus Berlin", dank eines enthusiastischen und blühenden privaten Sektors, überall auf der Welt für immer größere Begeisterung. Zu diesem Zeitpunkt war für die Kulturstiftung des Bundes das Risiko eines Scheiterns ihrer Förderung begrenzt.

In September 2004 gab ein wissenschaftliches Komitee, bestehend aus Susanne Altmann (Kunsthistorikerin und Publizistin, Dresden), Yilmaz Dziewior (Kunstverein Hamburg), Ulrike Groos (Kunsthalle Düsseldorf), Kathrin Rhomberg (Kölnischer Kunstverein) und Eva Schmidt (Museum für Gegenwartskunst, Siegen), die Namen des nächsten kuratorischen Teams bekannt: Maurizio Cattelan[6], Massimiliano Gioni[7] und Ali Subotnick[8]. Cattelan ist seit Anfang der 1990er Jahre einer der weltweit kontroversesten Künstler seiner Genera-

---

6 1960 in Padua, Italien, geboren; lebt und arbeitet in NYC, USA.
7 1973 in Busto Arsizio, Italien, geboren; lebt und arbeitet in NYC, USA.
8 1972 in Laguna Nigel, Kalifornien, USA, geboren; lebt und arbeitet in NYC, USA.

tion. Gioni war damals schon künstlerischer Leiter der Trussardi Stiftung in Mailand und hatte die Manifesta 5 gerade co-kuratiert. Heute ist er weiter für die Trussardi Stiftung sowie als stellvertretender Direktor am New Museum in New York tätig. Er wurde vor kurzem zum künstlerischen Leiter der 55. Ausgabe der Biennale di Venezia ernannt. Ali Subotnick ist freischaffende Autorin, Herausgeberin, Kuratorin und Gastkritikerin an der School of the Arts der Columbia University. Bis dato hatten die drei Freunde mehrere freche – besonders dem Kunstsystem gegenüber – Projekte in ihrer Wahlstadt New York zusammen geführt. Ihre Streifzüge in die Kunstszene streckten sich von einem nicht profitorientierten Ausstellungsraum von 1 qm im New Yorker Galerieviertel Chelsea namens The Wrong Gallery bis zur Charley, eine Publikationsserie für bildende Kunst. Damit hatten sie den nicht immer schmeichelhaft gemeinten Ruf der Grenzüberschreiter verdient. Biesenbach begrüßte die Entscheidung wie folgt:

> "Zum ersten Mal wird die berlin biennale von einem internationalen Team bestehend aus einem Künstler, einem Kurator und einer Publizistin geleitet. Ihre verschiedenen Strategien, Ideen, Talente werden zusammengeführt und neue, spannende Impulse in die berlin biennale eingebracht." (4. berlin biennale für zeitgenössische kunst: 1. Pressemitteilung 2004)

Die Entscheidung des Komitees sorgte für Schlagzeilen: „Wenn nun diese drei Herren gemeinsam die Berlin Biennale leiten, liegt die Vermutung nicht fern, dass es hauptsächlich um eines geht: Spaß, Spektakel und Klamauk" (Schulze 2006). Es war legitim zu befürchten, dass die drei, die damals gar keine Verbindung zur Stadt hatten, die komplexe Kunstszene Berlins in den weniger als zwei Jahren nicht völlig wahrnehmen würden. Dadurch hätten sie die vom privaten Sektor hart angestrebte Etablierung der Biennale und das Image Berlins als Standort internationalen zeitgenössischen Kunstschaffens völlig sabotiert.

Entgegen allen Erwartungen zogen Cattelan, Gioni und Subotnik in Januar 2005 nach Berlin um und richteten ihr Hauptquartier in den KW ein. Bis zur Bekanntgabe der für die Biennale ausgewählten Künstler, im November 2005, waren sie hauptsächlich mit der Erkundung der Berliner sowie der deutschen Kunst- und Kulturszene beschäftigt:

> „Berlin selbst ist schon international, deshalb kann unsere Biennale es nicht aussparen, diese Situation zu reflektieren. Andererseits haben wir uns sehr darum bemüht, uns Berlin und Deutschland wirklich anzunähern. Anders als viele andere Kuratoren haben wir der Verführung widerstanden, einfach durch die Welt zu rennen, um neue 'heiße' Künstler zu finden. Stattdessen haben wir uns darauf konzentriert, in der Stadt Wurzeln zu schlagen und Verbindungen zu ihr aufzubauen, indem wir [.../...] uns stark mit unseren Nachforschungen hier beschäftigt haben. Der Großteil unserer Reisen erfolgte in Deutschland und per Zug." (Kultur-Kanal 2006, S. 18)

Mittlerweile hat die Berlin Biennale ihre 7. Edition erreicht. Ihre Eröffnung fand am 27. April 2012 statt. Die Veranstaltung wird weiterhin von der Kulturstiftung des Bundes gefördert. Klaus Biesenbach bleibt in einer beratenden Rolle den KW nah; er lebt aber seit 2004 in New York, wo er früher als Chefkurator der Abteilung für Medien und performative Kunst des MoMA und seit 2010 als Direktor des MoMA PS1 tätig ist.

Abb. 1: **Massimiliano Gioni, Ali Subotnick, Maurizio Cattelan** in Berlin, 2006
Foto Shirana Shahbazi
Courtesy Berlin Biennale für zeitgenössische Kunst

3 Zur Konzeption der 4. berlin biennale

Wie von Biesenbach prophezeit, führten Cattelan, Gioni und Subotnik ihre gemeinsamen Erfahrungen im Umgang mit ungewöhnlichen Formaten in der Konzeption der bb4 zusammen. Sehr bewusst vermieden sie eine „monolithische Riesenausstellung" (Il Mattino 2006). Stattdessen zielten sie darauf ab, ihre Biennale als ein Monster mit vielen Köpfen und Persönlichkeiten zu gestalten, um die Komplexität der Gegenwart und den Ideenreichtum darzustellen, der in einer Stadt wie Berlin zu finden ist (vgl. Kultur-Kanal 2006, S. 18). Sie setzten viel auf kleinere aber experimentierfreudigere Interventionen, die dazu beitrugen, die Veranstaltung viel früher anfangen sowie über einen längeren Zeitraum laufen zu lassen:

> "[.../...] in our very instinctive way, we are probably convinced that biennials need to grow in new directions, opening up new branches and discovering new territories where to operate, not necessarily on a large scale but rather on a series of different scales. [.../...] The idea that large-scale exhibitions correspond to big careers or big numbers or big success is not necessarily true anymore. As we love to say, you can't go everywhere with a limousine, sometimes you need a bike: it might be harder but it might take you to more unusual places." (Moulton 2006, S. 46)

Die erste Intervention, die sie starteten, war die regelmäßige Kolumne „Fünf Fragen" im Berliner Stadtmagazin „Zitty", die bereits Ende März 2005 begann. Über ein Jahr wurden in allen Ausgaben des Magazins dieselben von den drei Kuratoren entwickelten fünf Fragen an Künstler gestellt, die entweder in Berlin lebten oder in der Stadt an Projekten arbeiteten: „Über die Kolumne war es den KuratorInnen möglich, in einen öffentlichen und informellen Dialog mit Berlins Kultur-ProduzentInnen zu treten" (Cattelan / Gioni / Subotnick (Hg.) 2006, S. 62). Seit Jahrzehnten veröffentlicht Zitty Berichte und Kritiken zum Kunstgeschehen der Stadt mit hohem Qualitätsniveau. 2011 lag die verkaufte Auflage bei rund 34.000 Exemplaren mit einer geschätzten Reichweite von ca. 320.000 Lesern[9].

In Berlin erkannten Cattelan, Gioni und Subotnik weiterhin, dass Künstlerateliers und von Künstlern betriebene Ausstellungsräume eine entscheidende Rolle für die Verbreitung von zeitgenössischer Kunst innerhalb der Haupt-

---

9 http://de.statista.com/statistik/daten/studie/200095/umfrage/verkaufte-auflage-der-groessten-stadtmagazine/ (zugegriffen am 09.03.2012)

stadt spielen. Um außerhalb des starren institutionellen Rahmens eine flexiblere Plattform unabhängiger Kuratoren und Künstler anbieten zu können, eröffneten sie im September 2005 einen kleinen, nicht profitorientierten Projekt-raum in der Auguststraße, wo sich bis Mai 2006 sieben Ausstellungen im vier-Wochen Rhythmus abwechselten. Gagosian Gallery nannten die drei Kuratoren ihren „rostigen Raum" (Berliner Morgenpost 2005). Die Einladungskarte zur ersten Eröffnung sorgte für Furore. Sogar Fachleute wurden in Aufruhr versetzt: sie dachten, dass die weltbekannte Galerie von Larry Gagosian, dem Tycoon der New Yorker Galeristen, auch eine Berliner Dependance in der Auguststraße eröffnen würde. Nicht nur den Namen, sondern auch das ganze Corporate Design der Galerie hatten die drei unverhohlen geraubt. „Guerrilla Franchising" nannten sie die Aktion:

> „Überall gibt es gefälschtes Gucci, Prada, Louis Vitton – die Fake-Industrie ist schon größer als die der Originale. In Neapel stellen sie heute Knock-Offs her und schreiben 'Made in China' drauf. Und die in China schreiben 'Made in Italy' drauf. Warum also nicht auch mal eine Fake-Galerie eröffnen?" (Bender 2006, S. 5)

Abb. 2: **Gagosian Gallery**, Berlin, März 2006
Auguststraße, Berlin - Mitte
Foto M. Cecchinato

Mit dem Programm des Ausstellungsraums meinten sie es jedoch sehr ernst:

"I know calling the gallery 'Gagosian' seems a bit of a joke, but for us it's as important as the rest of the Biennial. And it's important to clarify that the Biennial has already started [with it, Anm. MC]." (Robecchi 2005, S. 44)

Interessant ist dabei zu bemerken, dass sie mit dieser erfolgreichen Marketing-Maßnahme sogar die rasante (und in der Öffentlichkeit ungern diskutierte) Gentrifizierung von Berlin - Mitte aufgrund der dort ansässigen Galerien ansprachen, die in kurzer Zeit national sowie international sehr auf sich aufmerksam gemacht hatten.

Kurz nach der Bekanntgabe der ausgewählten Künstler veröffentlichten Cattelan, Gioni und Subotnik eine Sonderausgabe von Charley, ihrer Publikationsserie für bildende Kunst, die anlässlich der bb4 in Checkpoint Charley umbenannt wurde. Das Magazin war zweifellos die experimentierfreudigste Intervention der Kuratoren in Berlin. Konform und in der bekannten Art und Weise von Charley wurden Abbildungen der Arbeiten von 700 Künstlern grob fotokopiert und ohne Erlaubnis der Urheber hierarchielos in dem Buch veröffentlicht. Lediglich die Namen der jeweiligen Künstler wurden neben den Bildern aufgeführt. Selbstverständlich stieß dies auf scharfe Kritik der vertretenden Galeristen, die mit sachgemäßen Erwähnungen ihres Namens in Fachschriften immer nach erhöhter Aufmerksamkeit für ihre gesamte Arbeit streben. Die meisten (unbekannten) Künstler freuten sich stattdessen somit zu erfahren, dass alle veröffentlichten Arbeiten für die bb4 in Frage gekommen waren aber am Ende nicht gewählt wurden. In der Tat verstanden Cattelan, Gioni und Subotnik Checkpoint Charlie als visuelles Tagebuch ihrer kuratorischen Arbeit eines Jahres, das eine Liste alternativer Biennalen enthielt: „Es ist aber auch eine Übung in Bescheidenheit, denn es zeigt ja, dass unser Blickwinkel extrem parteiisch ist und auch ganz anders sein könnte" (Cattelan / Gioni / Subotnick (Hg.) 2006, S. 57). Normalerweise bleibt der Prozess der Künstlerauswahl vor einer Biennale ein großes Geheimnis.

Auch in der Entwicklung ihres Konzeptes für die „Hauptausstellung" trafen die drei Kuratoren den Nerv der Berliner Kunstszene. Schon im August 2005 sagten sie die Nutzung des Martin-Gropius-Bau ab. Das Haus wurde für alle bisherigen Editionen der Biennale genutzt. Der damalige Intendant war erstaunt, „dass mit einem europaweit bekannten Ausstellungsort so umgegangen wird" (Frankfurter Allgemeine Zeitung 2005). Die Absage verstanden Fachleute aber als „Kritik an den Berliner Institutionen, die zu wenig und zu unsystematisch Gegenwartskunst präsentieren" (Maas 2006):

"[.../...] es kann nicht angehen, dass in einer Stadt, die, anders als die Finanzmetropole Frankfurt, außer Kultur nicht allzu viele sogenannte Standortfaktoren zu bieten hat, die Beschäftigung mit Gegenwartskunst an den Privatverein der Kunst-Werke e.V. delegiert wird. [.../...] Man kann vieles, aber auch nicht alles mit Geldmangel entschuldigen." (Frankfurter Allgemeine Zeitung 2004)

Im November 2005 gaben Cattelan, Gioni und Subotnik die Liste der ausgewählten Künstler sowie den Titel der „Hauptausstellung" bekannt. Sie hatten sich für Künstler aus vier verschiedenen Generationen und dementsprechend für viele Arbeiten, die schon mehrmals ausgestellt wurden, entschieden. Die für eine Biennale außergewöhnliche Entscheidung begründeten die drei Kuratoren, wie folgt:

„Wir haben auch bemerkt, dass – nachdem Kunstmessen als Spiegel des Neuen und der Trends immer wichtiger geworden sind – Biennale vielleicht eher wieder Ausstellungen mit einem Kontext sein sollten. Auch dürfen wir nicht vergessen, dass es das Schöne an der Kunst ist, dass sie niemals verdirbt; sie altert nicht. Und manchmal lohnt es sich, ein Kunstwerk immer und immer wieder zu betrachten, weil sich Bedeutungen und Emotionen mit der Zeit ändern." (Kultur-Kanal 2006, S. 19)

Die Ausstellung würde den Titel „Von Mäusen und Menschen" des gleichnamigen Kurzromans des US-amerikanischen Schriftstellers John Steinbeck tragen. „Er [der Titel, *Anm. MC*] fasst in wenigen Worten das Gefühl des Unvermeidlichen zusammen. John Steinbeck schrieb unter dem Titel eine großartige Kurzgeschichte über die grundlegenden Dinge des Lebens: Freundschaft, Liebe und Tod" (Nedo 2006, S. 29): somit begründeten die drei Kuratoren ihre Titelwahl. In der Tat offenbarte er bereits die existentiell fragende Natur der Ausstellung sowie ihre reiche Intertextualität.

In der letzten Pressemitteilung im Februar 2006 gaben Cattelan, Gioni und Subotnik die Ausstellungsorte bekannt. Die Ausstellung sollte sich nun in einer einzigen Straße, der Auguststraße in Berlins historischem Bezirk Mitte, entfalten. Neben dem institutionellen Rahmen der KW wurden eine Kirche, die Pferdeställe des ehemaligen Postfuhramts, eine seit langer Zeit verlassene Schule, drei private Wohnungen, der Spiegelsaal eines ehemaligen Ballhauses, ein Container, der Keller der früher erwähnten Gagosian Gallery, ein Büro in einem Plattenbau sowie ein Friedhof ausgewählt. Von der Kirche bis zum Friedhof sollte die Auguststraße mit ihren Bauten den Alltag aller Menschen symbolisieren:

„[.../...] eine Straße als Archetyp, eine Straße, die überall sein könnte. Wir interessieren uns mehr für das Bild der Straße als Ort, wo viele Geschichten, Biografien und Leben zusammenkommen können. Uns hat die symbolische Kraft einiger Orte fasziniert." (Cattelan / Gioni / Subotnick (Hg.) 2006, S. 58)

Weiterhin erklärten die drei Kuratoren:

> „Es geht ganz einfach darum, sich so lange mit einem Ort zu beschäftigen, bis man anfängt auf ganz neue Geschichte zu stoßen. Dafür muß man nicht etwa weit wegfahren. Das Abenteuer wartet an der nächsten Ecke." (Berliner Morgenpost 2005)

Abb. 3: **Die Ausstellungsorte der bb4 in der Auguststraße, Berlin – Mitte**
Die Etappen des Parcours der bb4 (von links nach rechts):
St. Johannes-Evangelist-Kirche, private Wohnung, Pferdeställe des Postführamts,
Ehemalige Jüdische Mädchenschule, KW Institute for Contemporary Art, private Wohnungen,
Ballhaus, Container (kein Bild vorhanden), Gagosian Gallery, Plattenbau, Garnisonfriedhof.
Fotos Uwe Walter
Courtesy Berlin Biennale für zeitgenössische Kunst

Die Presse übte sofort scharfe Kritik. Das Konzept ähnelte zu offensichtlich dem der Ausstellung „37 Räume", die Biesenbach bereits 1992 in der gleichen Straße organisiert hatte. Außerdem war der Berlin Mythos mit seiner Ruinenromantik längst passé (vgl. Klass 2006). Die historisch beladenen Orte hatten eine derart starke Aura, dass alle Kunst darin verblassen würde (vgl. Thon 2006, S. 21). Um den Vergleich mit „37 Räume" sorgten sich die drei Kuratoren kaum:

> „We are not so worried about the comparison to '37 Rooms'. First of all, '37 rooms' was already a remake of the legendary Jan Hoet's 'Chambres d'amis' so not a particularly original idea in itself. Second, things change with time, so the same street ten years later is completely different." (Moulton 2006, S. 46)

Sogar der Titel „Vom Mäusen und Menschen" ist nicht von John Steinbeck, sondern vom schottischen Dichter Robert Burns. Mit dem Titel zitierte Steinbeck bewusst das Gedicht des Schotten „To a Mouse" (vgl. Steinbeck 1979, S. 84). In der Auswahl des Titels sowie der Ausstellungsorte, die stark von der Geschichte eines Landes bzw. einer Stadt aber auch von der Geschichte von einzelnen Menschen beladen waren, zielten die drei Kuratoren darauf ab, ihre Biennale von Intertextualität prägen zu lassen. Somit ließen sie die im Kunst- und Kulturbereich immer wiederkehrende Frage der Originalität und Autorenschaft verblassen. Über das Risiko, Kunst in bereits aufgeladenen Räumlichkeiten auszustellen, waren sie sich vollends bewusst:

> „Wichtig ist, dass man eine gute Balance zwischen dem Respekt für die Künstler und Respekt vor den Räumen findet. [.../...] Es ist doch deprimierend, Kunst immer nur an den gleichen Orten betrachten zu müssen. [.../...] Für die Berliner mag es vielleicht ermüdend sein, aber als Ausländer empfinden wir die Notwendigkeit, eine Verbindung zur Vergangenheit herzustellen. Nicht als kitschiges Nachkriegs-Drama, sondern mit Blick auf eine Stadt, die sich selbstverständlich für unterschiedliche Lesarten geschichtlicher Ablagerungen und archäologischer Untersuchungen anbietet. Bei 'White Cube' denken wir an Gedächtnisschwund und Tabula Rasa. Wenn wir unsere Räume sehen, denken wir an Komplexität und Dauerhaftigkeit." (Nedo 2006, S. 29)

Die Entscheidung solche Räume für die Ausstellung einzusetzen war aus der Überzeugung heraus entstanden, dass nur schwache Werke dem Raum erliegen:

> „Gute Kunst hat die Kraft, ihren eigenen Raum zu schaffen, sogar in sehr aufgeladener Umgebung. Die Räume bieten die Möglichkeit, anders mit dem Kontext zu spielen und künstlerische Arbeiten auf andere Weise zu sehen." (ebd.)

Zusammenfassend zielten Cattellan, Gioni und Subotnik auf eine mögliche Redefinition des Großausstellungsformats ab, wofür sie eine Vielfalt an Strategien einsetzten. Sie nahmen damit Abstand von der Idee einer einzigen, monolithischen Riesenausstellung und entschieden sich stattdessen für kleinere Inter-

3 Zur Konzeption der 4. berlin biennale 27

ventionen der anderen Art, die vor der Hauptausstellung stattfinden würden: sie führten eine regelmäßige Kolumne in einem bekannten Stadtmagazin, sie leiteten einen nicht profitorientierten Ausstellungsraum und veröffentlichen ein Magazin mit Fotokopien der Arbeiten, die sie für die Hauptausstellung wahrgenommen aber am Ende nicht ausgewählt hatten. All dies verstanden sie als offizielle Teile der 4. berlin biennale für zeitgenössische kunst. Damit erzielten sie eine nicht zu unterschätzende Streckung in der Dauer der Veranstaltung, die für besonders langfristige Aufmerksamkeit in Deutschland sowie im Ausland sorgte. Folgende Tabelle fasst graphisch zusammen, in wie weit die drei Kuratoren es schafften, die Dauer der Veranstaltung zu strecken.

	2004				2005												2006					
	09	10	11	12	01	02	03	04	05	06	07	08	09	10	11	12	01	02	03	04	05	06
Meilensteine	a			b								c		d			e					f
Zitty																						
Gagosian																						
Charlie																						
Von Mäusen																						

Tabelle 1: **Dauer der 4. berlin biennale für zeitgenössische kunst**
Legende:
a) Bekanntgabe der Kuratoren (Pressemitteilung der KW)
b) Umzug von Cattelan, Gioni und Subotnik nach Berlin
c) Absage des Martin-Gropius-Bau (Pressemitteilung der KW)
d) Bekanntgabe der Künstler sowie des Titels der Hauptausstellung (Pressemitteilung der KW)
e) Bekanntgabe der Ausstellungsorte der Hauptausstellung (Pressemitteilung der KW)
f) Abschlussbericht (Pressemitteilung der KW)

Für die Hauptausstellung entfernten sie sich von einer White-Cube Ästhetik sowie von „heißen, jungen Künstlern" und beschlossen stattdessen eine thematische Ausstellung zu organisieren, die sich in einer einzigen Straße und in ihren geschichtsträchtigen Bauten entfalten würde. Für die Räume hatten sie nicht nach Künstlern, sondern nach Kunstwerken gesucht. Maßstab ihrer Auswahl war die Fähigkeit der Werke sich nicht von den stark konnotierten Räumlichkeiten ausblenden zu lassen, sondern in ihrer Bedeutungsentfaltung sie sogar völlig zu integrieren. Die Analysen, die in der vorliegenden Arbeit folgen, befassen sich ausschließlich mit diesem einen Aspekt der bb4 in der Überzeugung, dass die Überlappungen der Lebenswelten der Künstler und der Rezipienten innerhalb des Kontexts der Ausstellung „Von Mäusen und Menschen" den Publikumserfolg der Veranstaltung begründen können.

4 Aus der künstlerischen Arbeit: Methodologie und Kunstwerke – Auswahlkriterien

Der vorliegenden Arbeit liegt die Überzeugung zu Grunde, dass ein Kunstwerk erst existiert, wenn es das Atelier eines Künstlers verlässt, um im öffentlichen Raum ausgestellt zu werden. Mit einer Ausstellung beginnt das Kunstwerk einen vom Künstler unabhängigen Dialog mit der Öffentlichkeit, der die ursprüngliche, vom Künstler kreierte Bedeutung des Werkes unvermeidlich beeinflusst. Oft spielen in diesem Prozess zusätzliche Figuren des Kunstbetriebs wie Galeristen, Kuratoren, Direktoren von Kunstinstitutionen, eine zentrale Rolle. Ziel ist es hier aufzuzeigen, wie sich der von Künstlern gewollte Sinngehalt ihrer Werke bei den Betrachtern durch den Einsatz des kuratorischen Konzepts für die Ausstellung „Von Mäusen und Menschen" veränderte.

Ausgangspunkt dieser Arbeit ist die Rezeption der Kunstwerke bei ihren Betrachtern statt der Entstehungsprozess bei ihren Schöpfern. Ziel ist hier die Überlappungen der Lebenswelten der Künstler und der Rezipienten innerhalb des Kontexts der Ausstellung „Von Mäusen und Menschen" zu identifizieren in der Überzeugung, dass sie den Publikumserfolg dieser einen Biennale begründen können. Essentiell ist hierbei die Anwendung einer Methode, die Objektivität beansprucht, um zu vermeiden, dass „Lektüren" der Kunstwerke weder von der Individualität der Künstler noch der Rezipienten ins Ungleichgewicht gebracht werden können. Damit ist gemeint, dass „Lektüren" der Kunstwerke für glaubhaft gehalten werden, wenn sie andeuten, „welche Werte, Vorstellungen etc. in konkreten Interaktionen als implizierte [gesellschaftliche, *Anm. MC*] Strukturen wirksam sind" (Bode 2010, S. 93). Für diese Arbeit stellt die objektive Hermeneutik nicht nur einen passenden theoretischen Rahmen dar. Vielmehr stellt sie mit ihrer Sequenzanalyse ein wissenschaftliches Verfahren für die Durchführung mehrerer auf Objektivität gerichteter Analysen zu Verfügung.

Im Sinne der objektiven Hermeneutik sind die für die vorliegende Arbeit ausgesuchten Künstler handelnde Subjekte, die ihren Text in Form eines Kunstwerks erzeugt haben. Einige Rezipienten wurden zu Interpreten, indem sie gefragt wurden, sich mit den ausgewählten Kunstwerken auseinanderzusetzen, um dessen versteckte und gesellschaftlich geltende Bedeutungen (die sogenannten Sinnstrukturen) durch eine Sequenzanalyse ausfindig zu machen. Die Gegenstände der folgenden Analysen sind deshalb Objekte. Diese Tatsache steht dennoch nicht im Widerspruch mit der objektiv hermeneutischen Theorie. Ulrich Oevermann, Begründer der objektiven Hermeneutik, versteht unter Text nicht nur das, was in sprachlicher Form verfasst wurde (z.b. ein Roman): "Vielmehr ist alles als Text anzusehen, was symbolische Bedeutung trägt." (Garz / Kraimer (Hg.) 1994, S. 383-427).

Die größte Herausforderung für den Vorgang dieser Arbeit liegt trotzdem in der Übertragung der Sequenzanalyse auf die Kunst. Sequenzialität liegt in der Natur eines sprachlich verfassten Werkes. Es ist einfach z.b. einen Satz vom ursprünglichen Text zu isolieren, diesen als Sequenz zu betrachten und zu analysieren und die gefundenen Lesarten auf den folgenden Satz des Textes zu übertragen, bis dominante Sinnstrukturen gefunden werden können. Jedoch ist dieser Ablauf nicht auf ein Kunstwerk anwendbar, da in einem Kunstwerk alles simultan vor den Augen des Betrachters steht (vgl. Marotzki / Niesyto (Hg.) 2006, S. 121-141). Wie die Analysen von Peez (ebd.) und Lüddemann (vgl. Heinze / Lüddemann / Heinze-Prause 2009, S. 57-88) jedoch belegen, erweist die Sequenzanalyse große Flexibilität in ihrer Anwendung auf Kunst ohne Anspruch an Objektivität zu verlieren. Mit arbeitsbedingten Abweichungen folgen nun die drei vorliegenden Analysen immer dem gleichen, von Lüddemann schon erfolgreich auf Kunst angewandtem, Gerüst.

Die folgenden Analysen wurden von neun Interpreten durchgeführt, die in drei Gruppen unterteilt wurden. Jede Gruppe analysierte jeweils ein Kunstwerk. Ziel war damit individualspezifische Beschränkung so gut wie möglich zu vermeiden. In diesem Sinne wurden auch die Interpreten ausgewählt: zeitgenössische Kunst war den meisten fremd. Weiterhin hatte keiner die bb4 besucht. Dies erlaubte in der erst intuitiven Annäherung zu den Kunstwerken irreführende Intellektualisierungen zu umgehen. Sequenzialität wurde stattdessen mit Aufmerksamkeit für formale Elemente (Massen, Material, Farbe, Plastizität und Blickführung) gewährleistet. Außerdem half die Gegenüberstellung der Kunstwerke mit Arbeiten von Zeitgenossen sowie mit zusätzlichen Arbeiten der ausgesuchten Künstler dabei, die Glaubwürdigkeit der intuitiv entwickelten Lesarten in einem breiteren Bezugsrahmen zu überprüfen. Diese Phase wurde dann mit einem ersten Rückgriff auf die Lesarten abgeschlossen.

Anders als bei Lüddemann wurden die Analysen hiermit nicht beendet, sondern fortgeführt: die Gültigkeit aller Lesarten wurden anhand der Ausstellungsorte der Ausstellung „Von Mäusen und Menschen" in der Überzeugung überprüft, dass objektive Merkmale wie Körper-Raum-Verhältnisse sowie Beziehung zu einem bestimmten Umraum in der Rezeption der Kunstwerke eine sehr bedeutende Rolle spielten. Der, nach Meinung der Autorin, unverzichtbare Einbezug der Ausstellungsorte in dieser abschließenden Phase sollte die Relevanz des Kontexts für die Entfaltung des Bedeutungspotenzials der Kunstwerke überprüfen lassen können. Die Interpreten wurden dafür mit mehreren Fotos der

Kunstwerke an deren Ausstellungsorten konfrontiert. Danach wurde erneut auf die intuitiven Lesarten zurückgegriffen, um zu einer endgültigen Deutung zu kommen. Wichtig ist hier zu betonen, dass die somit erkannten Sinnstrukturen als solche nur in diesem einen Kontext identifiziert werden konnten. Nur im Zusammenhang mit den Ausstellungsorten der bb4, die die Kuratoren explizit für die ausgewählten Kunstwerke bestimmten, konnte die Gültigkeit solcher Sinnstrukturen bewiesen werden. Aus der abschließenden Gegenüberstellung der zusammenfassenden Interpretationen der drei Kunstwerke wird versucht einen roten Faden zu identifizieren, der zugleich als mutmaßliche Begründung des künstlerischen Erfolgs der Ausstellung „Von Mäusen und Menschen" beim Publikum gelten soll.

Aufgrund der knappen Darstellung wurden aus den mehr als siebzig künstlerischen Positionen der Biennale drei Positionen ausgewählt, die eine auf tatsächliche Inhalte gestützte Reflexion ermöglichen. Eine Verkürzung in der Abfolge der Sequenzanalyse kam aber nicht in Frage:

> „Der vorgeschlagene Parcours der Interpretationsmethode ist kein Baukasten, aus dem man sich beliebig mit Werkzeugen oder Materialien versorgt. Die Reihenfolge der Schritte entscheidet über den Erfolg der Interpretation. Denn sie sorgt dafür, dass in einem kontrollierten Ablauf, Vorwissen und Informationen erst dann eingeführt werden, wenn das Werk selbst ausreichend gründlich analysiert worden ist. Damit stellen wir sicher, dass wir uns mit dem einzigartigen Werk beschäftigen und so zu neuen Aufschlüssen gelangen, statt nur vorhandenes Wissen zu wiederholen. Die Abfolge der Schritte bewahrt Offenheit und Präzision der Auslegung." (Heinze / Lüddemann / Heinze-Prause 2009, S. 53)

Jedes ausgewählte Kunstwerk wurde jedoch nur mit einer einzigen künstlerischen Position eines Zeitgenossen sowie mit einer möglichst widersprechenden Auswahl von eigenen Kunstwerken gegenübergestellt. Bei der Suche nach Indizien in der Fachliteratur wurde eine Auswahl von Artikel- bzw. Katalogabschnitten zitiert.

Wie schon an früheren Stellen dieser Arbeit ausführlich erklärt, entwickelte sich die Ausstellung „Von Mäusen und Menschen" entlang einer einzigen Straße. Die elf Ausstellungsorte in der Auguststraße wurden nicht dem Zufall überlassen, sondern von den drei Kuratoren sorgfältig ausgesucht: „The idea was to use the spaces where you're born, and are raised, and die – hospital, school, cemetery" (Heiser 2006, S. 127). Die von der Autorin getroffene Auswahl der Kunstwerke folgt nun dem kuratorischen Konzept: „Mandi III" von Kris Martin markierte in einer Kirche den Anfang der Ausstellung; „lichaam (corpse)" von Berlinde De Bruyckere, in einem Friedhof, ihr Ende. Wie in früheren Stellen der vorliegenden Arbeit bereits erwähnt, lagen dazwischen viele zusätzliche Etappen. Eine davon waren die KW, das institutionelle Herz der berlin biennale. Von den vielen Werken, die dort installiert waren, wurde

"Ersatzturm" von Florian Slotawa ausgewählt. Somit ergibt sich eine Auswahl, die dem Anfang, Mitte und Ende der Ausstellung entspricht. Kritisierbar an der Auswahl der Kunstwerke ist ihre Homogenität. Alle drei Arbeiten sind Skulpturen mit einem stark installativen Charakter. Selbstverständlich entsprechen sie einer irrationalen (und somit wenig wissenschaftlichen) Vorliebe der Autorin. Die Tatsache, dass die Autorin ausgerechnet diese drei Kunstwerke stark in Erinnerung hatte, erwies sich dennoch als vorteilhaft für die Interpreten. Wie schon früher verdeutlicht, wurden sie während der Analyse mit mehreren Fotos der Kunstwerke an deren Ausstellungsorten konfrontiert. Dies war für die Interpreten nicht immer optimal. Sie wussten jedoch, dass sie aus einem „sensorischen Mangel" jederzeit herauskommen konnten, indem sie Fragen über Geräusche, Räumlichkeiten, Kunstwerk im Verhältnis zum Körper usw. an der Autorin stellen konnten, da sie die Installationen unmittelbar erlebt hatte. Dies war dennoch meistens nicht der Fall.

Schließlich scheint es relevant zu präzisieren, dass es der Anspruch dieser Arbeit ist, den installativen Charakter jedes zeitgenössischen Kunstwerkes als unabdingbar zu betrachten. Hier liegt die Überzeugung der Autorin zu Grunde, dass zeitgenössische Kunst von einem starken installativen Charakter geprägt ist. Dieses Merkmal darf nicht übersehen werden, besonders bei einer Großausstellung wie „Vom Mäusen und Menschen", deren Kuratoren auf neutralen (zugunsten prägender) Räumlichkeiten bewusst verzichteten. Werke der Moderne haben normalerweise eine feste Bleibe und werden selten woanders ausgestellt. Ihre Bewahrung steht im Vordergrund. Dazu sind die Versicherungskosten im Fall eines Transportes meistens zu hoch, um die Werke überhaupt anderswo auszustellen[10]. Es ist nun möglich ein solches Werk unabhängig von einem Ausstellungskontext analysieren zu können: die meisten Betrachter kennen es leider auch nur als Abbildung in einem Katalog. Anders stellt sich die Situation mit zeitgenössischen Kunstwerken dar. Nach der Ausstellung in ihren Räumlichkeiten, sind Galeristen hauptsächlich damit beschäftigt, die produzierten Werke auf Kunstmessen überall auf der Welt zu präsentieren. Zusätzlich haben sie ein großes Interesse, sie in institutionellen Ausstellungen zu sehen. Sogar wenn sich die Werke schon im privaten Besitz befinden, sind sie häufig weiter an Institutionen ausgeliehen. Zeitgenössische Werke sind daher oft im Gedächtnis der Betrachter mit einer gewissen Ausstellung bzw. mit einem gewissen Ausstellungsort assoziiert.

---

10 Es gibt natürlich Ausnahmen. Eine der bekanntesten war „ILLUMInazioni", die 54. Edition der Biennale von Venedig (2011). Überraschenderweise durfte die Kuratorin Bice Curiger drei fest in städtischen Kunstinstitutionen verankerte Werke von Jacopo Tintoretto als Leihgabe für ihre Ausstellung bekommen. Die Fotos ihres Bootstransports von Accademia und San Giorgio Maggiore zu den Giardini sorgten für enormes Medienecho weltweit.

4.1 Kris Martin: „Mandi III"

Abb. 4: **Kris Martin** *Mandi III* (2003)
Privatsammlung Kortrijk, Belgien
Courtesy Sies + Höke, Düsseldorf

4.1.1 Daten zum Kunstwerk

Gegenstand dieser ersten Analyse ist die Skulptur „Mandi III" von Kris Martin[11]. Es handelt sich um eine schwarze Fallblattanzeigetafel von der Art, wie sie normalerweise in Bahnhöfen und Flughäfen zu finden sind. Solche Anzeigetafeln funktionieren mechanisch: auf jedem metallischen Blatt steht ein Buchstabe oder eine Zahl gedruckt; diese Anzeigefelder werden immer so weiter durchgeblättert, bis die gewünschten Informationen korrekt eingegeben sind. Typisch dabei ist das Geräusch der durchblätternden Anzeigefelder.

Kris Martin ließ „Mandi III" in 2003 in Originalgröße anfertigen. Ihre Maße sind 160 x 454 x 20 cm. Nach Wunsch des Künstlers sind aber die Blätter nicht mit Buchstaben und Ziffern bedruckt worden. Die Tafel ist so programmiert worden, dass sie willkürlich klickt und weiterblättert, ohne irgendeine Information anzuzeigen.

Der Titel des Kunstwerks leitet sich von einem üblichen und informellen Ausdruck der furlanischen Sprache ab, der in Friaul (ein Landstrich im Nordosten Italiens) noch sehr verbreitet ist. Dieser Ausdruck wird benutzt um

---

11 1972 in Kortrijk, Belgien, geboren; lebt und arbeitet in Gent, Belgien.

sich zu verabschieden. Die gängige Erklärung ist, dass es eine Kombination der Worte „mano" (Hand) und „dio" (Gott), d.h. etwa „in den Händen Gottes" ist. Kris Martin hat in einigen Interviews erklärt, dass er den Ausdruck während eines Aufenthaltes in Friaul gehört und in dem Sinne für seine Arbeiten übernommen hat (vgl. de Jongh 2009, S. 248-251). Die römische Zahl „III" weist auf eine ganze Reihe der Arbeiten Martins hin. Alle Werke der Reihe tragen „Mandi" als Namen; sie unterscheiden sich lediglich durch die römische Zahl voneinander, die nach dem Namen steht. „Mandi I" ist die älteste Arbeit der Reihe, „Mandi III" die dritte, usw.. Die vollständige "Mandi" Reihe geht mittlerweile bis „Mandi XXV".

„Mandi III" ist heute Teil einer privaten Sammlung mit Sitz in Kortrijk, Belgien. Es wird weiterhin für temporäre Ausstellungen an Kunstinstitutionen ausgeliehen.

4.1.2 Mögliche Lesarten des Kunstwerks

Folgende Lesarten sind bei der ersten intuitiven Betrachtung entstanden:

1. Das Kunstwerk stellt die vergehende Zeit dar. Die Vergänglichkeit der Zeit wird hier ganz klar angedeutet. Nur wie die Zeit vergeht bleibt verborgen. Ist dies nicht etwas Beunruhigendes innerhalb des Kunstwerks?

2. Das Kunstwerk stellt die Illusion der Menschen dar, Zeit und Raum beherrschen zu können. Das Geräusch der Anzeigefelder betont die vergehende Zeit und damit bekommt der Betrachter das Gefühl, dass er innerhalb einer zeitlichen Dimension ist. Dabei werden jedoch keine visuellen Informationen über diese vergehende Zeit angezeigt, die für die Orientierung wesentlich wären. Wird der Betrachter damit in seinen Erwartungen nicht enttäuscht?

3. Das Kunstwerk verweigert die Beschleunigung der heutigen Gesellschaft: ist der Betrachter nicht vor der durchblätternden Tafel gezwungen, auf Informationen zu warten, statt sie sofort parat zu haben (z.B. durch ein Smartphone)?

4. Das Kunstwerk stellt die Urangst der Menschen vor der Leere dar: die Tatsache, dass der Betrachter von der Tafel gar keine Orientierung bekommt, ist beunruhigend. Fühlt sich der Betrachter nicht so, als ob er ins Leere gefallen wäre?

5. Das Kunstwerk stellt die Abhängigkeit der Menschen von äußerlichen Mächten dar: ohne Anzeige an der Tafel ist der Mensch unfähig seine

Beschäftigungen weiter voran zu treiben. Wird hier das Schicksal dargestellt? Oder ist hier sogar der Wunsch Gottes gemeint, wie der Titel zu suggerieren scheint?

In den Lesarten können einige Hauptthemen erkannt werden: Zeit und Raum (Lesart 1 und 2), die Sehnsucht nach einer vergangenen Zeit (Lesart 3), das Metaphysische (Lesart 4 und 5). Interessant zu merken ist, dass die Themen „Zeit und Raum" und „das Metaphysische" sich nicht gegenseitig ausschließen.

4.1.3 Objektive Merkmale

Auf den ersten Blick unterscheidet sich „Mandi III" nicht von anderen ganz normalen Anzeigetafeln. Sie ist in Originalgröße hergestellt worden und besteht hauptsächlich aus Metall. Sie wirkt kompakt und ist in der Tat ziemlich groß. Die Tatsache, dass sie zur Aufhängung an der Wand vorgesehen ist, lässt vermuten, dass sie aus einer Legierung besteht, die das Gewicht gering macht. Ihre Anzeigefelder könnten sogar aus Aluminium bestehen, da sie zum Durchblättern leicht sein müssen. Sie brauchen auch viel Platz, um überhaupt rotieren zu können. Von daher kann man vermuten, dass die Tafel in sich nicht so schwer ist, wie man es auf den ersten Blick vermuten könnte. Im Großen und Ganzen ist „Mandi III" ein großer, kantiger, leerer Kasten.

Beide Tafeln und Anzeigefelder sind völlig schwarz und matt. Die Farbe ist mit Sicherheit schon in die Legierung gemischt worden, um einen Verfall zu vermeiden. Lack, welcher nur auf der Oberfläche aufgetragen wäre, würde das ständige Zusammenklappen der Blätter nicht lang standhalten.

In der Komposition des Kunstwerks gibt es keine Hauptlinie, die den Blick in der Betrachtung des Objekts führen kann. In normalen Anzeigetafeln, die Informationen zeigen, folgt das Auge ganz natürlich der gewohnten Leserichtung (z.B. in der westlichen Welt von links nach rechts). Damit werden nur die Anzeigefelder und nicht das ganze Objekt wahrgenommen. Sobald die gesuchte Information gefunden wird, geht der Reisende von der Tafel weg. In „Mandi III" werden keine Informationen wiedergegeben, die von links nach rechts gelesen werden könnten. Auf der Suche nach einer Möglichkeit etwas zu lesen fängt das Auge des Betrachters an fast schizophren die waage- und senkrechten Bewegungen der Anzeigefelder zu folgen. Die Erwartung etwas lesen zu können wird aber bald enttäuscht. Der Betrachter geht trotzdem nicht sofort weg: er fängt stattdessen an, das ganze Objekt wahrzunehmen, in der Hoffnung etwas verstehen zu können. Über die Blickführung des Objektes kann man deshalb nur sagen, dass es für eine frontale Betrachtung konstruiert wurde.

Zentraler Bestandteil des Kunstwerks ist die Rolle der Bewegung und des Tons: es ist nicht durch die bloße Form der Tafel, sondern durch die Bewegung ihrer Anzeigefelder und das darauffolgende Geräusch, dass sie wieder erkennbar wird. Die dadurch erzeugten Erwartungen werden jedoch schnell enttäuscht: trotz Bewegungen und Geräusch bleibt die Tafel einfach weiterhin nur schwarz.

4.1.4 Kontexte

4.1.4.1 Gattung

Offensichtlich ist „Mandi III" im Alltag von vielen Menschen ein gewöhnlicher Gegenstand, der aber seiner eigentlichen Funktion beraubt wurde. Damit ist die Assoziation mit Readymades nach Marcel Duchamp unvermeidbar. Die Tafel wurde aber nicht nur durch bloße Dekontextualisierung (vgl. Duchamps „Fountain" 1917) seiner eigentlichen Funktion beraubt. In vielerlei Hinsicht bleibt „Mandi III" dem ursprünglichen Gegenstand ähnlich, ist aber kein Replikat, da seine Veränderung schon vor seiner Produktion vorgesehen wurde: der Künstler hat nun ein neues Produkt geschaffen, welches auf seine eigene bizarre Weise wirkt (vgl. McElheny 2007, S. 327-335).

Auf den ersten Blick könnten die geometrischen Grundstrukturen des Kunstwerks, die monotone Farbe, das Material und die Tatsache, dass es industriell produziert wurde, an einige Skulpturen des Minimalismus (vgl. von Donald Judd) erinnern. Minimalismus zielte aber auf Logik und Entpersönlichung ab (vgl. Meyer (Hg.) 2005, S. 15). Innerhalb den bereits entwickelten Lesarten ist stattdessen schon deutlich zu erkennen, dass in „Mandi III" für den Menschen und seine Wahrnehmung eine ziemlich zentrale Rolle vorgesehen wurde.

Man verbleibt nun mit dem Eindruck, dass der Fokus des Werkes bei einer starken ursprünglichen Idee und nicht bei einem gewissen technischen Verfahren liegt. Die Erscheinungsform scheint hier sekundär, d.h. nach dem Konzept gewachsen zu sein. Diese Hypothese wird durch die Literatur über die Arbeit von Kris Martin ausreichend unterstützt:

> „Erst die ausgereifte Idee findet das ihr angemessene Material. Diese konzentrierte, ja, konzeptuelle Vorgehensweise dürfte ein Grund dafür sein, dass jedes Werk einen ausgesprochenen individuellen Charakter besitzt. Oder andersherum gesagt: Es hat einmalige Gestalt angenommen, weil es sich einem unaustauschbaren Themenkomplex verdankt. Martin bedient sich vielerlei künstlerischer Ausdrucksmittel wie Zeichnung, Foto, Collage, Objekt und *Ready Made*." (Puvogel 2005, S. 13-16)

Die gesamte Arbeit Martins, inklusive „Mandi III", wird in der Fachliteratur eindeutig der Konzeptkunst zugeordnet.

4.1.4.2 Zeitgenossin: Alicja Kwade

Alltäglichkeit, Funktionsberaubung und formale Strenge sind die Hauptmerkmale von „Mandi III", die zur Erscheinungsform eines Konzepts führen. Diese Arbeitsweise ist nicht innovativ: „Whether by faking, borrowing or stealing, artists today commonly produce works of art that employ the vocabulary of industry" (McElheny 2007, S. 327-335). Unzählige Namen könnten an dieser Stelle erwähnt werden. Es werden jedoch nur ein paar Arbeiten der Künstlerin Alicja Kwade[12] präsentiert, die der gleichen Generation Martins angehört.

Abb. 5: **Alicja Kwade** *Watch 6 (Saikosha)*, *Watch 12 (Kienzle)* (beide 2008)
(links) Metall, verspiegeltes Glas, mechanisches Uhrwerk (1941) / Tiefe 18 cm Ø 60 cm
Privatsammlung Berlin, Deutschland
(rechts) Metall, verspiegeltes Glas, mechanisches Uhrwerk (ca. 1920-50) / Tiefe 7 cm Ø 33 cm
Fotos Roman März
Courtesy Johann König, Berlin

Wie beide Titel der Werke schon vermuten lassen, gehören „Watch 6 (Saikosha)" und „Watch 12 (Kienzle)" von Alicja Kwade zu einer ganzen Reihe von großformatigen Wanduhren jener Art, wie sie oft in öffentlichen Gebäuden (z.B. Bahnhöfen, Schulen, Ämter) zu finden waren. Alle Hauptmerkmale von „Mandi III" sind auch hier wieder zu finden. Die Künstlerin ließ die Glasscheiben verspiegeln und damit raubte sie diesen gewöhnlichen Objekten ihre Hauptfunktion, nämlich die Uhrzeit zu zeigen. Nur das übliche mechanische Ticken lässt sie als Wanduhren wiedererkennen. Genau wie bei „Mandi III" verursacht

---
12 1979 in Kattowitz, Polen, geboren; lebt und arbeitet in Berlin, Deutschland.

die Negation der üblichen, visuellen Information Unbehagen. Anders als bei „Mandi III", wovor der Betrachter im Rahmen einer skandierten Zeit einfach weiter orientierungslos verbleibt und die entstandene Leere mit neuen Verknüpfungen aus seinem eigenen Wissensbestand ausfüllen muss, wird hier eine Entzifferung angeboten. Indem der Betrachter der Wanduhr näher kommt, wird er in der Glasscheibe gespiegelt und somit gezwungen den Takt nicht als absolut verstandene Zeit, sondern als die eigene Zeit, die Alterung des Selbst[13], zu erfahren.

Kann die Beschäftigung mit Zeit und Vergänglichkeit als Hauptthema der gesamten Arbeit von Alicja Kwade eingeordnet werden? Zwei zusätzliche Werke der Künstlerin helfen dabei dies zu überprüfen und „Mandi III" besser von „Watch 6 (Saikosha)" und „Watch 12 (Kienzle)" sowie das Schaffen von Martin von dem Kwades zu differenzieren.

Abb. 6: **Alicja Kwade *Berliner Bordsteinjuwelen*** (2007), ***Kohle (Union 666)*** (2008)
(links) in Berlin gefundene Strassensteine, geschliffen und poliert
(rechts) 666 Stücke, Union Holzkohlebriketts, mit 24-karätigem purem Gold beschichtet
Installationsansicht "Von Explosionen zu Ikonen", Hamburger Bahnhof, Berlin, Deutschland, 2008
Fotos Roman März
Courtesy Johann König, Berlin

Kwades Arbeitsweise verändert sich in den Werken „Berliner Bordsteinjuwelen" und „Kohle (Union 666)" nicht: Sie arbeitet weiter mit banalen Objekten des Alltags, die sie verändert. Wie die Künstlerin selbst erklärte: „Es gibt schon wahnsinnig viele tolle Erfindungen, man muss sie nur finden und neu sortieren oder leicht verändern"[14]. Dank einer aus 24-karätigem purem Gold Be-

---

13 www.artnet.de/magazine/alicja-kwade-artnet-questionnaire/images/1/
(zugegriffen am 11.01.2012)
14 www.art-magazin.de/kunst/7765/alicja_kwade_foerderpreis_fuer_skulptur

schichtung werden Holzkohlebriketts in Goldbarren verwandelt. Steine, die auf und an Straßen gefunden wurden, werden wie die kostbarsten Diamanten geschliffen. Der Betrachter glaubt zu wissen, was er sieht. In der Tat wird er aber durch bloße Erscheinung in die Irre geführt. Er schaut sich etwas an, das wertvoll aussieht, dessen echte Substanz aber überhaupt nicht für absolut wertvoll gehalten wird. Damit wird klar, dass sich Kwade allgemein nicht mit Zeit bzw. Vergänglichkeit beschäftigt. Stattdessen zielt ihre Arbeit darauf ab, den Betrachter auf vieles aufmerksam zu machen, was er für selbstverständlich hält. Es geht hier um eine Hinterfragung der Strukturen und Vereinbarungen, die getroffen und vom Betrachter pauschalisiert verinnerlicht wurden, um sich in einer zu komplexen Realität überhaupt bewegen zu können[15].

4.1.4.3 Zusätzliche Kunstwerke von Kris Martin

Wie schon erwähnt, gehört „Mandi III" zu einer fortlaufenden Reihe, die mittlerweile bis „Mandi XXV" existiert. Formal sind alle diese Werke extrem unterschiedlich: Kalenderuhren, eine Gipskopie in Originalgröße der römischen Laokoon-Gruppe, ein Riesenschwert, eine Wanduhr, eine kleinere Kopie von „Mandi III"... Trotz formaler Unterschiede bleiben die Lesarten, die aus der Betrachtung der gesamten Reihe entstehen, die gleichen wie bei „Mandi III" (vgl. Cecchinato 2009, S. 18).

Abb. 7: Kris Martin – die Mandi Reihe
Mandi II (2002), *Mandi VIII* (2006), *Mandi XV* (2007), *Mandi XVI* (2007), *Mandi XXI* (2009)
(Mandi VIII) Installationsansicht P.S.1/MoMA, New York, U.S.A., 2007
(Mandi XVI und XXI) Fotos Achim Kukulies, Düsseldorf
Courtesy Sies + Höke, Düsseldorf

Um die bereits entwickelten Lesarten von „Mandi III" objektiv verifizieren zu können, ist jedoch eine möglichst widersprechende Auswahl von zusätzlichen Kunstwerken von Kris Martin unabdingbar. Für diesen Zweck wurden Martins Werke „On air" und „Now" ausgewählt. Darüber hinaus sind diese beiden Arbeiten viel jünger als die der Mandi Reihe. Dem Publikum wurden sie vor kurzem zum ersten Mal präsentiert.

(zugegriffen am 11.01.2012)
15 www.artnet.de/magazine/alicja-kwade-artnet-questionnaire/ (zugriffen am 11.01.2012)

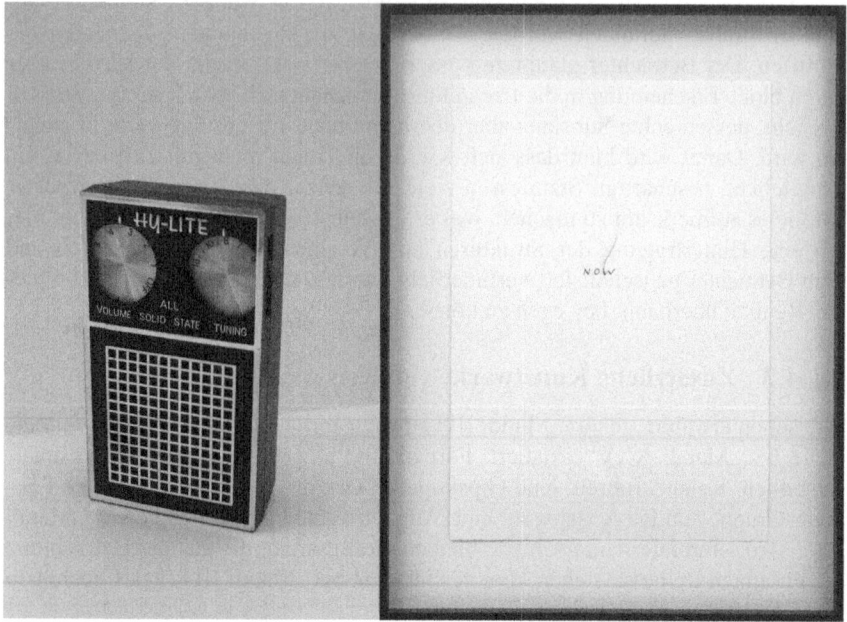

Abb. 8: **Kris Martin *On air*** (2010), *Now* (2010)
(links) gefundenes Objekt / 12 x 7 x 3.5 cm,
(rechts) Tinte auf Papier / 42 x 29 cm, gerahmt 56 x 44 cm
Fotos Achim Kukulies, Düsseldorf
Courtesy Sies + Höke, Düsseldorf

Nach Duchamps ist „On air" ein Readymade: Es ist ein echtes tragbares, batteriebetriebenes Radio aus den '60er Jahren, das kaum verändert und nur dekontextualisiert wurde. Auf einer Ausstellung bleibt das Radio an und wird auf einen Nachrichtensender eingestellt. Es ist so leise gestellt, dass der Betrachter dies nur merkt, wenn er dem Kunstwerk nah kommt. Vor dem Kunstwerk versteht der Betrachter die einzelne Nachrichten[16] und nimmt dadurch eine Tatsache wahr: viel geschieht in diesem präzisen Moment. Wenn der Betrachter sich aber vom Kunstwerk entfernt, verwandeln sich die Nachrichten in ein bloßes Stimmengewirr. Dies bedeutet also, dass er sich bewusst entscheidet viel zu ignorieren, wenn er weiter geht. Es entsteht ein Gefühl der Begrenztheit der menschlichen Wahrnehmung. Das Stimmengewirr begleitet aber den Betrachter weiter

---

16 Als die Autorin der vorliegenden Arbeit die Einzelausstellung von Kris Martin in September 2011 (Galerie Sies + Höke, Düsseldorf) besuchte, sendete „On air" bloße Verkehrsnachrichten. Durch den stark geprägten Kontext nahmen diese objektiven Informationen über Stau und Umleitungen mehr den Charakter schwer gravierender Behinderungen und Engpässe an.

und fungiert somit als Mahnung: Wie viel an Information geht an ihm tagtäglich vorbei?

Martins Werk „Now" unterscheidet sich formal offensichtlich von „Mandi III" und „On air". Es handelt sich dieses Mal um eine Arbeit auf Papier. Martin schrieb das Wort „Now" (English für „jetzt") auf ein Blatt und ließ eine Schnecke über die frische Tinte laufen: eine Metapher für den brennenden Wunsch der Menschen, den flüchtigen Moment entschleunigen zu können. In der Tat wird die Unbeständigkeit des Lebens von der vergehenden Zeit verursacht und somit zum Bestandteil der menschlichen Existenz. Die Menschheit sucht seit Jahrtausenden einen Weg aus diesem Leid zu finden. Das Tragische daran ist, dass es sich um einen von vornherein verlorenen Kampf handelt: die Unfähigkeit der Menschen diese existentielle Tatsache zu verändern bleibt. Die winzig kleine Geste, woraus „Now" besteht, fasst das Menschliche sowie das Tragische dieses Versuchs zusammen und erweist damit eine erstaunliche Stärke.

Trotz formaler Unterschiede sind Zeit und der menschliche Umgang damit klare Berührungspunkte, die „Mandi III" sowie „On air" und „Now" aufweisen. Unter den bereits entwickelten Lesarten werden dadurch besonders Lesart 1 (Darstellung der vergehenden Zeit) und Lesart 2 (die menschliche Illusion, Zeit und Raum zu beherrschen) verstärkt. Die anderen Lesarten sind stattdessen nur bedingt einsetzbar.

4.1.4.4 Über die Kunst von Kris Martin

Prägend für die heutige Arbeit von Kris Martin scheint ein Werk zu sein, das er am Anfang seiner Karriere schuf: ein Foto von einem leeren Kasten, den er auf der Straße gefunden hatte. Als er das Foto ausstellte, merkte er, dass das Publikum viel Zeit vor diesem Foto verbrachte, obwohl es eigentlich fast nichts auf diesem Bild zu sehen gab: „The viewer was able to fill in—or not—something for him or herself. I captured this ability and use it in my work" (de Jongh 2009, S. 248-251). Der Künstler will nun mit seiner Kunst keinen allsagenden, für alle geltenden Gedanken präsentieren. Vielmehr arbeitet er so, dass die Interaktion mit den Betrachtern immer Bestandteil seiner Werke sein kann:

> „Ich sehe jedes einzelne Stück als eine Einladung an den Betrachter, sich der Betrachtung hinzugeben: die individuellen Gedanken über das eigene Leben zu aktivieren, ohne die Gedanken in eine bestimmte Richtung zu forcieren... Einem Publikum eine sehr aktive Rolle zu geben ist eine große Herausforderung [.../...]" (Martin (Hg.) 2008);
>
> "So I need the fantasy of the viewer 'cos I don't have fantasy or not more than anybody else[17]".

---

17 www.whitecube.com/artists/k_martin/video/31/ (zugegriffen am 20.12.2011)

„Mandi III" ist nach Martins Meinung keine Ausnahme davon:

> „That is the gap you can fill in with something yourself. That is in fact the best example of my attitude towards the audience. In this piece [„Mandi III", *Anm. MC*] it is very clear that I need your imagination, your time and effort to reflect. I don't give much; I just give a frame." (de Jongh 2009, S. 248-251)

Martin ist der Meinung, dass seine Werke kein Ergebnis von einer reinen Dekontextualisierung gefundener Objekte sind. Viel mehr haben sie durch die Verkopplung der Objekte mit einer Idee zu tun. Damit wird die Art und Weise, in der der Betrachter einen gewöhnlichen Gegenstand sieht, völlig verändert (vgl. ebd.). Letztendlich beschreibt dies, was mit dem Begriff „Konzeptkunst" gemeint ist. Dieses Etikett scheint ihn nicht besonders zu stören:

> „Even when my work is called conceptual, which I have to admit it might be so, in the end it always comes to matter. So whether I wanted or not, it's always matter. And then when I have a thought or an idea, I choose a material that could be the best to carry the thought. And in the end you have a piece of that material because the thought is not material, the thought is just for me and I can only communicate it to a larger audience making or choosing an object or a material to carry it"[18].

Er kokettiert aber nicht zufällig mit dem Thema Zeit. Mehrfach hat er tatsächlich erklärt, dass Zeit kein bloßes Sujet, sondern das Leitmotiv seiner Kunst ist:

> "Generally in my work I'm very concerned about time. So let's say it's a kind of motif throughout what I've been doing for several years: to be busy with time in visual art. So the dimension of time is quite problematic because only dead material can reveal something about time by its being worn out or having history, kind of like a candle stick of your grandmother or so. And this very little object is containing the notion of time"[19].

Diese Interpretation findet die stärkste Zustimmung in der Literatur. Hierzu folgt eine sehr kurze, aber vielsagende Auswahl von Katalogtexten über Martins Arbeit:

> „Many, if not all, of Kris Martin's works address time, whether it is the historical of contemporary Europe, where he is based, or the immaterial time of the soul."
> (Vitamin 3-D 2009, S. 192-193)

> „Das Erleben von Zeit und der Wunsch, sie zu begreifen, sei es durch das Aufzeichnen ihres Verstreichens oder die Transzendierung der Gegenwart, spielt eine wesentliche Rolle in Kris Martins Arbeiten." (Cattelan / Gioni / Subotnick (Hg.) Kurzführer 2006, S. 37)

---

18 www.whitecube.com/artists/k_martin/video/31/ (zugegriffen am 20.12.2011)
19 ebd.

Von einigen Autoren wird seine Beschäftigung mit dem Thema „Zeit" so ausgedehnt, dass sie am Ende als klare Auseinandersetzung mit den wichtigen Fragen des Lebens (z.b. die Flüchtigkeit des Seins) interpretiert werden kann. In diesem Diskurs wird „Mandi III" für ein ziemlich emblematisches Werk gehalten: „Möglicherweise handelt die Arbeit *Mandi III* (2003) von der Sinnlosigkeit der meisten Beschäftigungen im Leben. [.../...] Es ist vielleicht eine Informationstafel für unsere letzte Reise; für die Reise, die uns zu unserem letzten Ziel führt" (Martin (Hg.) 2008). Besonders wegen des prägenden Titels „Mandi", wird ihm sogar eine gewisse Spiritualität bzw. Religiosität zugeschrieben:

> „Dieser Wunsch, eine Macht zu kennen, die dem Leben, das wir führen, Führung und Richtung zu geben vermag, bleibt fest verwurzelt, gleichgültig, wie wenig ein Glaube an Gott noch anhält. Auf dem Gebiet der bildende Kunst gibt uns der belgische Künstler Kris Martin eine der eindringlichsten Erkundungen dieses Dilemma des Glaubens. Martin ist gläubig, so scheint es, und seine Arbeit hinterfragt eindeutig die allgemein anerkannte Einschätzung, dass unser Leben keinen Sinn und keine andauernde Substanz hat."
> (Martin (Hg.) 2008)

Dies streitet der Künstler nicht ab:

> „I am a Christian because I am rooted in Christianity. [.../...] It is hard for me to understand that people get sick and tired of their spiritual background. For me that is like a fish being tired of water." (de Jongh 2009, S. 248 – 251)

4.1.4.5 Ausstellungsort: St. Johannes-Evangelist-Kirche

Die erste Etappe der Ausstellung „Von Mäusen und Menschen" innerhalb der 4. berlin biennale für zeitgenössische kunst fand in der St. Johannes-Evangelist-Kirche, am westlichen Ende der Auguststraße, statt. Die Kirche wurde 1856 in einer engen Baulücke zwischen Wohnhäuser gebaut. Sie erfuhr die Umwidmung in eine Bibliothek der Humboldt-Universität, als ihre Gemeinde in der DDR 1978 aufgelöst wurde. Erst im Jahre 2003 wurde die Kirche wieder geweiht. Ihre Räume werden seitdem aber hauptsächlich für kulturelle Veranstaltungen genutzt (vgl. Cattelan / Gioni / Subotnick (Hg.) Kurzführer 2006, S. 35). Dort wurden „Mandi III" von Kris Martin sowie „Do you want to play with me?" (2005) von Andro Wekua[20] ausgestellt. Aufgrund der knappen Darstellung wurde die gegenseitige Beeinflussung der Kunstwerke hier vernachlässigt. Dieser Entscheidung der Autorin liegt die Überzeugung zu Grunde, dass mehr der Kontext als das Zusammenspiel mit dem Werk von Wekua für die Entfaltung einer Sinnstruktur des Kunstwerks von Martin sorgte.

---

20 1977 in Sochumi, Georgien, geboren; lebt und arbeitet in Zürich, Schweiz.

Abb. 9: **St. Johannes-Evangelist-Kirche**, Auguststraße 90, **und die gesamte Auguststraße** (2006) (rechts) Fassade und Eingang der Kirche sind an der linken Seite der Straße deutlich erkennbar.
Fotos Uwe Walter
Courtesy Berlin Biennale für zeitgenössische Kunst

Die St. Johannes-Evangelist-Kirche ist evangelisch, d.h. ihr Innenraum ist sehr nüchtern, weist nur ein Schiff mit kleineren Passagen links und rechts. Schon am Eingang sind normalerweise der Altar und das Kreuz deutlich sichtbar. Bei der bb4 waren Altar und Kreuz nur teilweise sichtbar, da die Skulptur von Wekua (ein schwarzer Kubus) ziemlich mittig im Schiff installiert wurde. „Mandi III" wurde stattdessen an die Wand der Eingangstür aufgehängt, dem Altar gegenüber: beim Betreten der Kirche hatte der Besucher die Tafel in seinem Rücken und nahm sie erst einmal nur wegen ihres Geräusches wahr. Ihre Aufhängung geschah sehr weit unten. Das Geräusch der Installation war allgegenwärtig, da es keine weiteren akustischen Signale in der Kirche gab.

In diesem Kontext trifft „Mandi III" den Besucher beim Betreten eines religiösen Ortes. Egal ob als gläubiger Mensch oder nicht, beinhaltet dies bei allen eine achtende Haltung, wenn nicht sogar eine gewisse Nachdenklichkeit. Der Besucher befindet sich also nicht unter Handlungsdruck und kann sich voll und ganz der Betrachtung des Werkes widmen. Alle starken Konnotationen, die solch ein Ort in sich trägt, sind aber in dem Moment der „Unterbrechung" schon wahrgenommen worden: besonders westliche Besucher haben bestimmte religiöse Werte und Überzeugungen in einer Kirche schnell parat, wenn auch nur grob. In der Stille der leeren Kirche wirkt das Geräusch allgegenwärtig. Die niedrige Aufhängung ist unübersehbar und wirkt penetrant. „Mandi III" ist eigentlich zu groß für die enge Kirche, in der nur eine Wand für dessen Aufhängung zu Verfügung steht. Ohne Raum um sich herum beeinträchtigt die Tafel brutal den mittleren Segmentbogen des Eingangs. Technisch scheinbar ungeschickt platziert, schwebt sie schwer über dem Kopf des Besuchers und wirkt so gestalterisch bedrohlich wie das Schwert des Damokles.

Abb. 10: **Kris Martin** *Mandi III* (2003) Installationsansicht
4. berlin biennale für zeitgenössische kunst, 2006
Foto Achim Kukulies, Düsseldorf
Courtesy Sies + Höke, Düsseldorf

Der Besucher hat keine Möglichkeit dem Kunstwerk auszuweichen; er ist gezwungen auf die Tafel zu reagieren. Wie aus einem Automatismus erwartet er Informationen, auch wenn er ursprünglich nicht auf der Suche nach Orientierung war. Bald fühlt er sich durch die Abwesenheit jeglicher Art von Zeichen wie gelähmt. Hier findet nun die erste Erkenntnis statt: der Mensch ist daran gewöhnt, durch z.B. Technologie immer irgendeine Orientierung zu bekommen, um eine unangenehme Situation zu überwinden. Wenn, wie in diesem Kontext, die Technologie scheitert, ihm die Kontrolle über jegliche Art von Ereignissen zu geben, fühlt er sich wie verloren. So ein Gefühl ist aber zu erdrückend, um es zu akzeptieren, und wird deswegen bekämpft. Gründe dieser menschlichen Unfähigkeit, nicht alles kontrollieren zu können, werden schnell außerhalb der eigenen Person gesucht. Normalerweise wird eine allwissende Macht ins Spiel gebracht, die für irgendeinen unbegreiflichen Grund, dem Menschen den Weg versperrt. In einer Kirche wird der Besucher fast selbstverständlich an Gott denken müssen. Die drei Interpreten dieser Analyse glauben zwar nicht an Gott, kamen aber während der vorliegenden Analyse dennoch auf die Idee einer äußeren Macht, bezeichnen diese jedoch als Zufall oder Schicksal. Eins ist sicher: in solch einem Kontext bringt „Mandi III" jeden Betrachter dazu, sich mit grundlegenden Fragen über Sinn und Zweck des Menschendaseins auseinanderzusetzen.

4.1.5 Zusammenfassende Interpretation

„Mandi III" ist ein altmodischer Gegenstand, der in seiner Alltäglichkeit für den Betrachter schnell erkennbar ist. Seine Erscheinungsform kennt er aus direkter Erfahrung. Nur wenn er sofort in der Lage ist, mit der Form an seinen Wissensbestand anzuknüpfen, wird er sich von der Sinnverständlichkeit des Kunstwerks, die daraus entstanden ist, nicht zurückgewiesen, sondern eingeschlossen fühlen. Die Tafel ist nun ein Hilfsmittel, wodurch dem Betrachter ein Dialog mit dem Kunstwerk ermöglicht wird. Diese Interpretation wird von den an früherer Stelle dieser Arbeit erwähnten Äußerungen von Kris Martin verstärkt. Lesart 3 wird folglich damit ausgeschlossen. Die Beschleunigung der heutigen Gesellschaft wird damit nicht kritisiert.

Die nüchterne Erscheinungsform des Kunstwerks sowie die Abwesenheit von Informationen zwingen den Betrachter sich völlig auf die klappernden Anzeigefelder zu konzentrieren. Das regelmäßige Geräusch wird als Takt einer vergehenden Zeit empfunden (Lesart 1). Unzählige Verstärkungen dieser Interpretation kommen aus der Fachliteratur über „Mandi III" sowie über die gesamte Arbeit von Kris Martin. Der Künstler selbst sieht Zeit als Leitmotiv seiner künstlerischen Praxis. Anders als vor „Watch 6 (Saikosha)" und „Watch 12 (Kienzle)" von Alicja Kwade, wo dem Betrachter eine Entzifferung aus seiner Orientierungslosigkeit angeboten wird, verbleibt der Betrachter vor „Mandi III" im Rahmen einer skandierten Zeit einfach weiter orientierungslos (Lesart 2). Ähnlich unbehagliche Gefühle sind in den zusätzlich analysierten Arbeiten von Kris Martin nachzuempfinden.

Lesarten 2, 4 und 5 scheinen mögliche Ausdehnungen der Lesart 1 zu sein, die aber nur in einem Kontext ihre vollständige Begründung finden. Es ist zu vermuten, dass in einem sterilen Raum (z.B. in einem sogenannten White Cube) der Fokus auf der vergehenden Zeit bleiben würde, da keine zusätzlichen Informationen von außen addiert werden können. Der Betrachter würde durch das Geräusch obsessiv daran erinnert, dass er sich in einer zeitlichen Dimension befindet, die unaufhörlich vergeht (Lesart 1). Die Abwesenheit von visuellen Informationen über diese vergehende Zeit und das darauffolgende unangenehme Gefühl würden die Illusion des Betrachters darstellen, die Zeit begreifen bzw. beherrschen zu können (Lesart 2 und 4). In solchen künstlichen Ambiente würde sich „Mandi III" in ein wahres Memento mori verwandeln, das die Vergänglichkeit der Zeit (und darüber hinaus des Menschen) anspricht.

In der St. Johannes-Evangelist-Kirche, welche schon starke metaphysische Konnotationen in sich trägt, ist der Betrachter in der Rezeption des Kunstwerks stattdessen offensichtlich von äußeren Umständen beeinflusst. Die Stärke von „Mandi III" besteht in so einem Kontext darin, dass sie sich nicht von den äußeren Konnotationen ausblenden lässt, sondern sie völlig integriert. Eine Kirche ist ein Ort, an dem religiöses Leben praktiziert wird, d.h. wo versucht wird, grundlegende Fragen über Sinn und Zweck des Menschendaseins zu beantworten. Innerhalb dieses Rahmens wird der Betrachter vor „Mandi III" fast dazu gezwungen, seine eigene Position solcher Fragen gegenüber zu überdenken. Ist es ein Zufall, dass es den Menschen und auch Engpässe (z.B. Alter, Krankheit, Tod) gibt, die er in seinem Leben erfahren muss, oder ist dies die Kreation einer allwissenden Macht bzw. eines Gottes (Lesart 5)? Solche Fragen faszinieren und zerreißen die Menschen seit Jahrtausenden. Dass „Mandi III" in ihrer Bescheidenheit, wenn nicht sogar Banalität, dies verkörpern kann, ist verblüffend.

4.2 Florian Slotawa: „Ersatzturm"

Abb. 11: **Florian Slotawa** *Ersatzturm* (2006) Installationsansicht
4. berlin biennale für zeitgenössische kunst, 2006
Installation aus dem privaten Hausrat von Barbara und Axel Haubrok / Höhe 731 cm
Foto Uwe Walter
Courtesy Florian Slotawa, Sies + Höke, Düsseldorf, VG Bild-Kunst

4.2.1 Daten zum Kunstwerk

„Ersatzturm" von Florian Slotawa[21] ist eine sogenannte ortsspezifische Installation. Sie wurde anlässlich der bb4 geschaffen. Sie war 731 cm hoch und bestand aus Möbelstücken des privaten Hab und Guts der Düsseldorfer Kunstsammler Barbara und Axel Haubrok (vgl. Fabbris 2007, S. 43-45). Mit dem Ende der Biennale wurde das Kunstwerk auseinander gebaut und die verwendeten Möbelstücke gingen an ihre Besitzer zurück. Dort wurden sie weiter als ganz gewöhnliche Tische, Stühle, Regale, Schränke usw. benutzt.

„Besitzarbeiten" nennt Florian Slotawa diese besondere Arbeitsweise (vgl. 3Sat Kulturzeit 2009), die beim „Ersatzturm" so auffällig ist, dass sie schon am Anfang dieser Analyse erwähnt werden soll. Der Künstler hat kein Interesse neue Objekte zu schaffen, weswegen er ausschließlich mit Readymades arbeitet. Eigenartig in seinem Umgang damit ist, dass sie meistens aus seinem eigenen Hausrat kommen. In den ersten sechs Jahren seiner Karriere baute Slotawa zwar unterschiedliche Installationen, aber ausnahmslos aus dem gleichen Materialpool, d.h. seinem privaten Besitz. Teil seines Konzeptes war es, dass seine eigenen Sachen nach einer Ausstellung wieder nach Hause zurückkehrten, wo sie ganz gewöhnlich im Alltag weiter (und bis zur nächsten Ausstellung) verwendet wurden (vgl. ebd.). Während einer Ausstellung lebte er einfach ohne diese Sachen. Nie wurden sie durch neue ersetzt. Als der Sammler Axel Haubrok Interesse für den Kauf einer bestimmten Installation zeigte, lehnte dies der Künstler ab: im Fokus seiner Arbeit lag nicht eine einzelne Arbeit, sondern die Zirkulation zwischen Kunst und Alltag seines gesamten Besitzes. Der Sammler erwarb nun Anfang der 2000er Jahre alles, was dem Künstler damals gehörte, und zwar vom Besteck bis zum alten Golf (Puvogel 2004, S. 158-169). Anlässlich der bb4 baute der noch „möbellose" Slotawa „Ersatzturm" aus dem Hausrat des einen Sammlers, der seinen ganzen Besitz bzw. Materialpool einige Jahre zuvor gekauft hatte.

4.2.2 Mögliche Lesarten des Kunstwerks

Folgende Lesarten sind in der Phase der intuitiven Annäherung zum Kunstwerk entstanden:

1. Die Gegenstände wurden zusammengebracht, um daraus etwas Neues entstehen zu lassen. Die Installation wirkt wie ein rudimentäres Gebäude. Dieser erste Eindruck würde das Wort „Turm" im Titel erklären.

---

21 1972 in Rosenheim, Deutschland, geboren; lebt und arbeitet in Berlin, Deutschland.

2. Die Möbelstücke wurden aufgetürmt, um irgendwo anders freien Raum zu schaffen. Dementsprechend handelt es sich bei diesem Kunstwerk mehr um diese neu entstandene Leere als um die Installation an sich. Erklärt die Installation, dass es im Leben um mehr als nur um die bloße „Einrichtung" geht?

3. Ähnlich wie bei dieser Installation häuft man „Kram" im Keller an. Diese Sachen haben eindeutig keinen Nutzen mehr für uns. Trotzdem haben wir Schwierigkeiten sie wegzuwerfen, da wir emotionell mit ihnen verbunden sind. Dennoch sind sie im Weg, eine Behinderung. Stellt die Installation die menschliche Unfähigkeit dar, sich vom Alten zu verabschieden, obwohl es belastend ist?

4. Das Wort „Ersatz" im Titel ist vielsagend, da er von einem starken emotionalen Zustand ausgeht. Dies kann auf die Tatsache zurückgeführt werden, dass die eingesetzten Gegenstände aus einem privaten Hausrat kommen. Vermutlich haben die Besitzer auch eine emotionale Verbindung zu ihren eigenen Möbelstücken entwickelt. Trotzdem durchdringt die Auswahl eine gewisse Kühle. Die Möbelstücke sind gebraucht, zeigen aber kaum Spuren einer persönlichen Nutzung. Sie wirken höchst steril. Es ergibt sich ein Spannungsfeld zwischen bloßen Gegenständen und den Emotionen, die Menschen damit verbinden. Wird mit der Installation angedeutet, dass sich (diese) Menschen von bloßen Gegenständen definieren lassen?

5. Das Auftürmen scheint bis zum letzten Detail durchgedacht worden zu sein. Die daraus resultierende Stabilität wäre sonst kaum erklärbar. Die Präzision der Geste wirkt eigenartig. Die kühle Auswahl der Möbelstücke verstärkt das Gefühl und lässt den Umgang mit den Gegenständen sogar als zwanghaft empfinden. Stellt die Installation einen krankhaften Umgang mit Besitz dar?

Gegenstände werden in Lesarten 2, 3, 4 und 5 als Behinderung empfunden. Besonders Lesarten 3, 4 und 5 können als eine Eskalation in der Wahrnehmung eines gefühlsbedingten Umgangs mit Besitz empfunden werden. Lesart 3 (menschliche Unfähigkeit sich vom Alten zu verabschieden) spricht eine offenkundige Tatsache aus. In der Lesart 4 (Menschen lassen sich von bloßen Gegenständen definieren) wird diese emotionale Verbundenheit als negativ empfunden. In der Lesart 5 (krankhafter Umgang mit Besitz) wird sie sogar als zwanghaft definiert. Nur in der Lesart 1 (rudimentäres Gebäude) wird das Auftürmen als positiv betrachtet, da sie eine Möglichkeit für etwas Neues darstellt.

4.2.3 Objektive Merkmale

Bereits bei der Einleitung mit den Daten über das Kunstwerk hat sich eine Erläuterung der auffälligen Arbeitsweise von Florian Slotawa als notwendig erwiesen. „Ersatzturm" ist keine Ausnahme innerhalb der sogenannten „Besitzarbeiten". Die einzige Abweichung sind die eingesetzten Gegenstände. Sie stammten dieses Mal aus dem Hausrat eines Sammlerpaares statt aus dem des Künstlers. Auch „Ersatzturm" wurde als ortsspezifische Installation konzipiert. In dem gegebenen Fall kommt dem Betrachter die Beeinflussung des Ortes in der strukturellen Entwicklung der Installation gewaltig vor. „Ersatzturm" wurde für eine ganz besondere Ecke der KW geschafft. Der Ausstellungsraum auf der zweiten Etage der Institution ist wie eine „innere Terrasse" gebaut, die einen Blick auf den unteren Ausstellungsraum ermöglicht. Slotawa nutzte diese besondere Lage aus, um seine Installation in der Höhe auszustrecken, vom Boden der ersten bis zur Decke der zweiten Etage. Der Zugang zum Kunstwerk auf der ersten Etage wurde gänzlich vermauert, vermutlich aus Sicherheitsgründen. „Ersatzturm" konnte nur von der zweiten Etage aus betrachtet werden.

Es versteht sich von selbst, dass diese außergewöhnliche Höhe in einem Innenraum eine große Rolle innerhalb der Blickführung des Kunstwerks spielt. Es sind die überwältigenden senkrechten Linien, die den Blick bei der ersten Betrachtung des Kunstwerks führen. Dabei wird auch das Volumen bemerkt. Die vollen stereometrischen Grundformen befinden sich unten, die leeren oben. Interessanterweise werden die waagerechten Linien nur bei einer längeren Betrachtung registriert. Sie sind deutlich kürzer und können dadurch viel einfacher zugeordnet werden. Sie gehören zu den einzelnen Möbelstücken, die somit wiedererkennbar werden. Zusammenfassend ist die Komposition von „Ersatzturm" sehr grafisch. Sehr lange senkrechte und kurze waagerechte Linien sowie volle Volumen als Basis und leere als Gipfel. Die Blickführung wird von den sehr langen senkrechten Linien zunächst dominiert; nur in einem späteren Moment werden die kurzen waagerechten Linien wahrgenommen. Die Installation kommt dem Betrachter demnach beachtlich hoch, aber dennoch ziemlich stabil vor.

Die Komposition sorgt für das Gerüst der Installation. Vervollständigt wird „Ersatzturm" aber von den Materialien, Farben und Oberflächen der einzelnen Gegenstände. Es handelt sich um mehrere Tische, Stühle, Regale, Schränke sowie einen Kühlschrank, eine Waschmaschine, einen Trockner, eine Lampe, die Schublade eines Kühlschranks, die unverändert eingesetzt wurden. Die Originalmaterialien sind alle hart: Weichere Gegenstände (z.B. Sofakissen, Teppiche) müssen bewusst ausgelassen worden sein. Die Originalfarben sind kalt. Der Glanz der Oberflächen ist unnatürlich für gebrauchte Möbelstücken: Es ist klar, dass sie vor dem Einsatz absichtlich „überpoliert" wurden. Insgesamt ergibt sich ein ziemlich unbehagliches Gefühl von Kühle bzw. Entpersonalisierung. Offensichtlich soll die verspätete Wiedererkennung der gewöhnlichen Objekte eine zentrale Rolle in der Annäherung zum Kunstwerk spielen.

4.2.4 Kontexte

4.2.4.1 Gattung

Im Mittelpunkt des Schaffens von Duchamp standen hauptsächlich unveränderte, dekontextualisierte Objekte, also Readymades. Er schrieb aber auch über Reciprocal Readymades. Damit waren Kunstwerke gemeint, die als gewöhnliche Gegenstände im Alltag benutzt werden sollten (vgl. „Reciprocal Readymade: Use a Rembrandt as an ironing board"). Tatsächlich produzierte Duchamp nie ein Reciprocal Readymade. Trotzdem schaffte er es mit dieser bloßen Äußerung, die Grenze zwischen Kunst und Alltag weiter zu verwischen und die Sakralität der Kunst erneut zu hinterfragen[22]. Die Zirkulation von gewöhnlichen Objekten zwischen Alltag und Kunst darzustellen wird mit der Installation Slotawas ebenfalls angestrebt. Mit der Bekanntgabe, dass die Gegenstände, woraus die Installation bestand, als solche nach der Biennale zurück zu ihren Besitzern gehen würden, war „Ersatzturm" genauer gesagt Readymade und Reciprocal Readymade zugleich. Die Assoziation zwischen Duchamps Vorstellungen und Slotawas Konzept scheint demnach angemessen zu sein. Duchamp interessierte eindeutig mehr das Konzept als das Objekt an sich. Dies beweist aber nur, dass Werke aus Readymades oft einen sehr starken konzeptionellen Hintergrund besitzen. Und „Ersatzturm" stellt in dieser Hinsicht keine Ausnahme dar.

Selbstverständlich verfolgte Slotawa mit „Einsatzturm" klare bildhauerische Strategien, und zwar sowohl skulptural als auch installativ. Ein eindeutiges Beispiel ist der Glanz der Oberfläche, der bei gebrauchten Gegenständen künstlich (und darüber hinaus unpersönlich) wirkt. Dies erinnert an die ästhetische Perfektion der Skulpturen des Minimalismus. Entpersonalisierung war bei den Minimalisten (vgl. Carle André, Dan Flavin, Donald Judd) stets das Ziel (vgl. Meyer 2005, S. 15). Die starken Reaktionen der Interpreten auf diese Kühle signalisieren aber im vorliegenden Fall, dass für den Menschen und seine Wahrnehmung in „Ersatzturm", genau wie in „Mandi III", eine ziemlich zentrale Rolle vorgesehen wurde. Entpersonalisierung ist kein Ziel mehr, es ist vielmehr ein Mittel.

Trotz der ästhetischen Nähe zum Minimalismus und des ausgiebigen Einsatzes von Readymades verbleibt man bei dem Eindruck, dass die Installation

---

22 www.toutfait.com/unmaking_the_museum/Reciprocal%20Readymade.html (zugegriffen am 25.01.2012)

stärker von einer ursprünglichen Idee als von einem gewissen technischen Verfahren beeinflusst wurde. „Ersatzturm" könnte nicht nur einem skulpturalen sowie installativen Diskurs, sondern auch der Konzeptkunst zugeordnet werden.

4.2.4.2 Zeitgenossen: Peter Fischli und David Weiss

Peter Fischli[23] und David Weiss[24] sind ein Künstlerduo, das seit 1979 zusammenarbeitet. Zweifellos zählen sie weltweit zu den renommiertesten Künstlern der Gegenwart. Die Broschüre zu ihrer Retrospektive in der Tate Modern in London (2006) liefert folgende Erklärung:

> „Fischli and Weiss move freely between different media: photography, sculpture, installation, film, video, and slide projection. [.../...] Among their principal subjects are the massproduced goods that surround us so completely that we barely notice them any more." (Curiger, (Hg.) Broschüre 2006, S. 1)

Zweifellos gehören Fischli / Weiss einer älteren Künstlergeneration als der Slotawas an. Trotzdem ist ein gemeinsames, starkes Interesse an einer Schöpfung mittels gewöhnlicher Serienprodukte unverkennbar.

Abb. 12: **Peter Fischli David Weiss** *Die Erscheinung*, *Flirt Liebe Leidenschaft Hass* (beide 1984)
Copyright Peter Fischli David Weiss, Zürich 2011
Courtesy Sprüth Magers Berlin London, Matthew Marks Gallery, New York, Galerie Eva Presenhuber Zürich

„Ersatzturm" hat mit „Die Erscheinung" und „Flirt Liebe Leidenschaft Hass" viel gemeinsam. Sie bestehen ausschließlich aus ganz gewöhnlichen Objekten (s. Vase, Stühle, Dosen, Schuhe), die ihrer eigentlichen Funktion beraubt

---
23 1952 in Zürich, Schweiz, geboren, wo er noch lebt und arbeitet.
24 1946 in Zürich, Schweiz, geboren; 2012 in Zürich, Schweiz, gestorben.

wurden. Sie wurden dekontextualisiert, indem sie in einer durchaus bizarren Situation ausgesetzt wurden: sie sollen sich gegenseitig im Gleichgewicht halten. Die einzelnen Gegenstände sind in ihrer primären Funktion weiter erkennbar. Dank des völlig anderen Kontexts werden sie aber als ein neues Ganze wahrgenommen. Sie sind jetzt ein ganz anderes „Produkt".

Schlüssig zur Differenzierung zwischen „Die Erscheinung" bzw. „Flirt Liebe Leidenschaft Hass" und „Ersatzturm" ist aber deren Stabilität, die beim Betrachter zu sehr unterschiedlichen Emotionen beiträgt. Das Gleichgewicht der Gegenstände in beiden Werken von Fischli / Weiss ist bewusst prekär. Wegen ihrer flüchtigen Natur wurden sie nie als Installation konzipiert, sondern mittels Fotografie festgehalten und als Fotoserie ausgestellt. In der Tat gehören beide Werke einer Fotoserie („Equilibres - Stiller Nachmittag" 1984 - 1985) an. Es ist die Zerbrechlichkeit ihres Gleichgewichts, welches sie viel spektakulärer als „Ersatzturm" wirken lässt. Vor „Die Erscheinung" und „Flirt Liebe Leidenschaft Hass" wird der Betrachter von dem spielerischen Umgang mit ganz profanen Objekten verzaubert: „In focusing on the understated, the mediocre, the unmemorable and the pointless, they [Fischli / Weiss, Anm. MC] show us a world of inconspicuous wonders" (Curiger, (Hg.) Broschüre 2006, S. 1). Dagegen fühlt sich „Ersatzturm" schwermütig und dunkel an.

4.2.4.3 Zusätzliche Kunstwerke von Florian Slotawa

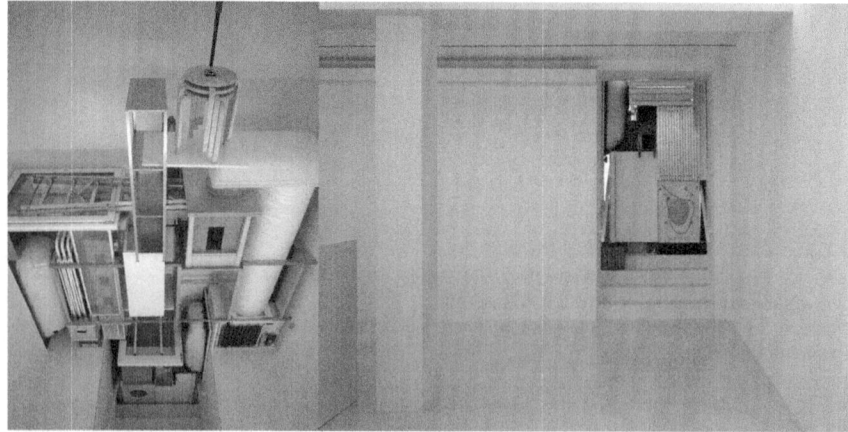

Abb. 13: **Florian Slotawa** *Untitled* (2008) Installationsansicht
Dritte Einzelausstellung des Künstlers in der Galerie Sies + Höke, Düsseldorf 2008
Courtesy Sies + Höke, Düsseldorf

4.2 Florian Slotawa: „Ersatzturm"

Für „Untitled" (2008) ließ Slotawa die ganze Einrichtung seines Ateliers von Berlin nach Düsseldorf transportieren. Er war zu diesem Zeitpunkt ohnehin dabei auszuziehen. Mit seinem Atelierbestand versperrte er die Passage zwischen dem Eingangsraum und den weiteren Räumen der Galerie. Der Besucher konnte den ersten Ausstellungsraum betreten und die Vorderseite der Installation sehen. Ihre Rückseite konnte er jedoch nur erreichen, indem er eine Diensttür im Innenhof der Galerie aufsuchte. Die Absicht dieser Geste ist zu gewaltig, um übersehen zu werden: die Gegenstände wurden hier in eine übergroße Behinderung verwandelt. Das Werk entspricht den für „Ersatzturm" bereits entwickelten Lesarten 2 (Entstehung einer neuen Leere irgendwo anders), 3 (menschliche Unfähigkeit sich vom Alten zu verabschieden), 4 (Menschen lassen sich von bloßen Gegenständen definieren) und 5 (krankhafter Umgang mit Besitz). Nur Lesart 1 (rudimentäres Gebäude) findet hier keine volle Geltung. Viel spannender in der Suche einer legitimierten Sinnstruktur erweist sich die Betrachtung der Arbeit „Motorräder".

Für „Motorräder" restaurierte der Künstler selbst Maschinen unterschiedlicher Marken, die er zum Schluss mit dem Farbton seines alten (und bereits vor langer Zeit verkauften) Golfs neu lackieren ließ. Nüchtern und analytisch wurde dann jedes Motorrad schwarz-weiß fotografiert. Mit der daraus resultierenden Fotoserie „Grüne Motorräder" wurde der neue Farbton völlig negiert. Aber „die Unterschiede in Konstruktion und Details kamen deutlich vor, und das Konzept der Reihung und Vergleichbarkeit trat in den Vordergrund"[25].

Abb. 14: **Florian Slotawa** *Grüne Motorräder* (2011) Auswahl
(von links nach rechts) *Grünes Motorrad (Enduro)*, *Grünes Motorrad (mz)*, *Grünes Motorrad (Simson)*
Schwarz-weiße Fotografien / jeweils 43 x 55 cm
Courtesy Sies + Höke, Düsseldorf

Erst später wurden die Maschinen in einer Installation wieder zusammengebracht, wo ihr gleicher Zustand und Farbton die Besonderheiten ihrer Marken zugunsten einer skulpturalen Einheit zurücktreten ließen[26].

---

25 www.sieshoeke.com/exhibitions/florian-slotawa-2011/press-release-de
  (zugegriffen am 30.01.2012)
26 ebd.

Abb. 15: **Florian Slotawa** *Motorräder* (2011) Installationsansicht
ABC – art berlin contemporary *About Painting*, Berlin 2011
Courtesy Sies + Höke, Düsseldorf

Anscheinend ist hier die Nutzung von Readymades der einzige Berührungspunkt mit den früher erwähnten Werken. Extrem auffällig ist, dass sie dieses Mal nicht gestapelt, sondern geräumig ausgestellt wurden. In der Tat wird dem Betrachter erlaubt jedem Motorrad einzeln zu begegnen. Trotz unmittelbarer Nähe verwischen aber das immer glänzende und gleiche Grün, Schwarz, Metallgrau, Rot und Orange jede Spur von Eigenheit. Sie diktieren die Komposition eines kompakten Ganzen, das absurderweise sehr malerisch wirkt.

Ein altes Motorrad, das man selber wieder instand gesetzt hat, ist ein Liebhaberstück. Die Begegnung mit jedem Teil, das man selber kontrollierte, polierte oder ersetzte, verwandelt ein banales Serienprodukt in etwas, das sich einzigartig und eigen anfühlt. Die persönliche Nähe zu den Motorrädern bringt der Künstler zum Ausdruck, indem er die Fahrzeuge im gleichen Farbton seines alten Autos färbt. Vermutlich war es für den Künstler schwierig sich von dem Auto sowie den Maschinen zu trennen. Und trotzdem unterzog sich der Künstler jedes Mal diesem „Trennungsschmerz". Die Motorräder, farblos und vereinzelt, in einem sterilen Kontext seriell zu fotografieren war der erste Schritt zu ihrer

Objektivierung. Die Kühle der Aufnahmen ist der Beweis einer emotionalen Distanzierung, die aber nicht vollendet ist. Die Eigenartigkeit der einzelnen Motorräder steht noch im Vordergrund; der Titel erinnert noch an den bedeutungsvollen Farbton. Indem sie aber später als gleichgültige Teile eines völlig neuen Ganzes verwendet wurden, das sogar als Kunstwerk zum Verkauf stand, kann der Trennungsprozess als vollgezogen betrachtet werden. Zunächst tritt jedoch der außergewöhnliche sowie kreative Umgang mit gewöhnlichen Gegenständen für den Betrachter zum Vorschein. Erst später wird die Installation auch als Endspurt eines gefühlsbetonten Prozesses der Trennung von persönlichem Besitz wahrgenommen.

Dinge sind nun einmal was und wie sie sind. Tendenziell lädt der Mensch sie aber mit emotionaler Bedeutung auf und ist somit unfähig sich davon zu trennen. Der Mensch hält nun an Gegenständen fest, als ob sie das Anhalten von flüchtigen Emotionen versichern könnten (Lesart 3 „menschliche Unfähigkeit sich vom Alten zu verabschieden" und, darüber hinaus, Lesart 4 „Menschen lassen sich von bloßen Gegenständen definieren"). Der Betrachter nimmt aber durch „Motorräder" wahr, dass der einschüchternde Trennungsprozess viel freien Raum für Neues entstehen lassen kann (Lesart 2 „Entstehung einer neuen Leere" und Lesart 1 „rudimentäres Gebäude"). Slotawas Geste kann nicht die Leichtigkeit der Werke von Fischli / Weiss besitzen, da sie auch Schmerz beinhaltet. Trotzdem wirkt sie durchaus kreativ und somit positiv: Lesart 5 (krankhafter Umgang mit Besitz) wird damit ausgeschlossen.

4.2.4.4 Über die Kunst von Florian Slotawa

Ursprung Slotawas eigenartiger Arbeitsweise mit gebrauchten Gegenständen ist eine Entscheidung, die er einst als Student an der Kunsthochschule Hamburg traf. Sie betraf zunächst sein Arbeitsmaterial. Nur das Vorhandene sollte für seine Werke verwendet werden. Er wollte nicht noch mehr unnötigen Ballast der ohnehin vollgestopften Welt aufbürden (vgl. Puvogel 2004, S. 159-169):

> „In Hamburg okkupierte er im Moment einer Sinnkrise während der Semesterferien mit all seinen Habseligkeit kurzerhand ein Atelier der Hochschule, um dort seinen Hausstand genauestens zu katalogisieren, gruppenweise zu fotografieren und in drei Kategorien aufzuteilen: verzichtbare Dinge, die weggeworfen, verschenkt oder verkauft wurden, täglich benötigte Gegenstände und gegenwärtig nicht gebrauchte, jedoch längerfristig wichtige Sachen, von denen er sich nicht trennen mochte." (Nedo 2006, S.80)

Die intensive Auseinandersetzung mit Readymades, die dieser früheren Entscheidung folgte, führt in der Fachliteratur sehr oft zu einem Vergleich mit Marcel Duchamp. Slotawas Arbeitsweise wird jedoch als kreativer und humorvoller empfunden. Häufig erfolgt deswegen ein Vergleich mit den Werken des Künstlerduos Fischli / Weiss:

> „Man könnte ihn den neuen Marcel Duchamp nennen. Wie der legendäre Franzose gibt er dem Alltag und seinen Gegenständen eine neue Bedeutung. [.../...] Nun ist das Zeug erst einmal aus dem Weg – und darf Kunst werden" (Knöfel 2008, S. 154);

> „Die mimetische Nachformung der morphologischen Struktur seiner voralpenländischen Heimatlandschaft zwischen Rosenheim und München zeugt für seinen originellen Umgang mit Materialien à la Fischli & Weiss" (Puvogel 2004, S. 159-169).

Vielen sind die Begriffe, die Fachleute verwenden, um Slotawas Arbeit umzuschreiben. In der Tat ist die Zuordnung einer eindeutigen Gattung keine leichte Aufgabe. Man ist versucht Slotawa als Bildhauer zu definieren. Diese Vereinfachung wird aber von Farben, Aufnahmen oder Installationen, die einen stark performativen Charakter aufweisen (vgl. „Hotelarbeiten" 1999) prompt ins Schwanken gebracht. Der Künstler selbst erklärte in einigen Interviews sogar, dass er die Maler beneidet, „[.../...] wie die mit Farben umgehen, also malt er mit Möbeln" (Knöfel 2008, S. 154). Wie schon an früheren Stellen dieser Arbeit vermutet, geht es Slotawa hinter der Erscheinungsform eines Werkes mehr um ein starkes Konzept als um ein bestimmtes technisches Verfahren. Angemessen ist es daher ihn als Konzeptkünstler zu definieren.

Slotawas Ziel ist, eine kritische Reflexion über Güter und deren Notwendigkeit anzuregen (vgl. Puvogel 2004, S. 159-169). Bei der instinktiven Betrachtung mehrerer Installationen an früheren Stellen der vorliegenden Arbeit wurde aber auch immer wieder eine starke emotionale Verbindung des Menschen mit seinem eigenen Besitz erkannt. Slotawa greift nun über eine Anregung zu einer kritischen Haltung gegenüber gewöhnlichen Gütern hinaus. Dies wird in der Fachliteratur durchaus bestätigt:

> „Kaum ein Künstler kommt dem Alltag so nahe wie Florian Slotawa. Ob er aus seinem gesamten Hausstand eine Skulptur schichtet oder sein Material bei Ikea ordert – er zeigt, dass die Menschen sind, was sie besitzen" (Nedo 2006, S. 80),

> „[.../...] yet in Slotawa's work the act strangely surpasses the otherwise obvious personal association and becomes a fascinating commentary on how objects and their function define space, identity, and the feeling of belonging. The motif of Heimat, the difficult-to-translate German term for a sort of spiritual home, is a recurrent one in Slotawa's work: where does one belong, but also what belongs to oneself? What meaning do objects carry? How do they define one's perception of space?" (Burrichter 2008, S. 99)

Bei „Motorräder" wurde diese starke emotionale Verbindung sogar als selbst auferlegter Trennungsprozess empfunden. Der Künstler bestätigte es in einem Interview wie folgt:

> „It was somehow a big release to give away everything. It was a great experience that I didn't miss anything, especially not at a sentimental level. Of course it was really hard to give away my childhood toys; clearly, I hadn't played with them since I was younger, but they were something really special. [.../...] It was important to me to understand that having stuff is great, and at the same time to see that I am not dependent on things. [.../...] Before I gave everything away I took a series of photographs of all my belongings. It was just like saying goodbye to them [.../...]." (Fabbris 2007, S. 43-45)

Mit dieser Arbeitsweise zeigt er aber auch, dass es in seiner Kunst um viel mehr als die reine Installationen geht. Bestandteil seiner Konzepte ist auch das Geschehen genau dort, wo die in einer Installation eingesetzten Gegenstände vermisst werden:

> „Durch die strategische Umdefinition privater und zuweilen intimer Alltagsobjekte zu Kunst schafft er physische und psychologische Momente des Verzichtes: In ihrer Sachlichkeit und ihrer Größe zeigen seine Arbeiten zugleich den Vorgang der Entwendung, die damit verbundene Entbehrung und andernorts erzeugte Leere." (Cattelan / Gioni / Subotnick (Hg.) Kurzführer 2006, S. 166)

4.2.4.5 Ausstellungsort: KW Institute for Contemporary Art

Die fünfte Etappe der Ausstellung „Von Mäusen und Menschen" innerhalb der 4. berlin biennale für zeitgenössische kunst fand in den KW statt. Das Gebäude zählt zu einem der ältesten des Viertels. Nach dem Mauerfall befand sich das Gebäude in einem desolaten Zustand, wurde jedoch an Klaus Biesenbach und anderen Kunstbegeisterten vermittelt, die dort ab 1990 kulturelle Veranstaltungen organisierten. Wie an früheren Stellen der vorliegenden Arbeit schon erwähnt, gründeten sie für diesen Zweck in 1991 den Kunst-Werke e.V., der dank der finanziellen Unterstützung mehrerer Stiftungen vier Jahre später das gesamte Gebäude offiziell zur Verfügung bekam und zwischen 1995 und 1999 grundsanieren ließ (vgl. Cattelan / Gioni / Subotnick (Hg.) Kurzführer 2006, S. 131). Fassaden und Hof behielten ihren Altbaucharme. Die Ausstellungsräume wurden stattdessen völlig umgestaltet. Mit durch den ursprünglichen Grundriss bedingten Abweichungen sehen sie heute wie ein echter White Cube aus: geräumig, mit kahlen Wänden und komplett weiß gestrichen.

Anders als die St. Johannes-Evangelist-Kirche tragen diese Räumlichkeiten keine zusätzlichen Konnotationen mit sich. Sie sind neutral. Bei der Ausstellung „Von Mäusen und Menschen" war die gegenseitige Beeinflussung der Kunstwerke bemerkenswerter als die Wirkung des Ausstellungsorts auf diese. Ein Beispiel war die atemberaubende Gegenüberstellung der Fotoserie „EIN-

HEIT" von Michael Schmidt[27] mit der Skulptur „The Capacity Men" von Thomas Schütte[28], der der gesamte Hauptausstellungsraum der Institution gewidmet wurde.

Abb. 16: **KW Institute for Contemporary Art**, Auguststraße 69 – Eingang und Hof (2006)
(links) Foto Uwe Walter
Courtesy Berlin Biennale für zeitgenössische Kunst
(rechts) Foto M. Cecchinato

Auch „Ersatzturm" wurde in den KW ausgestellt. Wie schon zuvor erläutert, ließ Slotawa die Installation über die Höhe zweier Etagen wachsen. Auf diese strukturelle Entwicklung der Installation hatte die besondere Lage selbstverständlich einen großen Einfluss. Anders als bei „Mandi III" aber sorgte hier mehr das Zusammenspiel mit anderen Werken für die Entfaltung einer leitenden Sinnstruktur von „Ersatzturm". Besonders prägnant erwies sich die Gegenüberstellung von „Ersatzturm" mit „Sondermodelle. Die 387 Häuser des Peter Fritz, Versicherungsbeamter aus Wien"[29] von Oliver Croy[30].

Der lange Titel erklärt schon einiges über Croys Werk. In der Tat handelt es sich um 387 Modellhäuser aus Papier, die der Künstler bei einem Altwarenhändler Anfang der 1990er entdeckte und kaufte. Ohne Ausnahme wurden alle Modelle von einem Wiener Versicherungsbeamten namens Peter Fritz erschaffen, der bei ihrem Verkauf bereits verstorben war. Auf Croys Wunsch analysierte der

---

27 1945 in Berlin, Deutschland, geboren; lebt und arbeitet in Berlin und Schnackenburg an der Elbe, Deutschland.
28 1947 in Oldenburg, Deutschland, geboren; lebt und arbeitet in Düsseldorf, Deutschland.
29 Im Folgenden einfach "Sondermodelle" genannt.
30 1970 in Kitzbühel, Österreich, geboren; lebt und arbeitet in Berlin, Deutschland.

Architekturkritiker Oliver Elser die Modelle und stellte fest, dass der Wiener Beamte keine direkten Vorbilder dafür hatte: „Peter Fritz baute die Welt wie sie ist, und gleichzeitig so, wie sie noch interessanter sein könnte: noch verwinkelter, sehr viel bunter, mit merkwürdiger Anbauten und unzähligen Reklametafeln" (Cattelan / Gioni / Subotnick (Hg.) Kurzführer 2006, S. 138).

Abb. 17: **Oliver Croy** und **Oliver Elser** *Sondermodelle.*
Die 387 Häuser des Peter Fritz, Versicherungsbeamter aus Wien (2000)
Installationsansicht, 4. berlin biennale für zeitgenössische Kunst, 2006
(Mittig im Bild ist die Spitze von „Ersatzturm" zu erkennen).
Foto Uwe Walter
Courtesy Oliver Croy, Oliver Elser

Beim Betreten des Raums auf der zweiten Etage wurde der Besucher von „Sondermodelle" empfangen. Diese unendliche Weite kleiner, bunter Häuser kam dem Betrachter erst einmal wie ein harmloses Wunderland vor. Der vorgeschriebene Parcours zwischen den Exponaten ließ aber bald eine gewisse Beunruhigung entstehen: Die extrem präzisen und diffizilen Details bei dieser immensen Quantität an Modellen wirkten beinahe manisch. Der Titel rechtfertigte das Gefühl: hatte dieser Mensch außerhalb der Arbeit und der zeitintensiven Leidenschaft ein echtes Leben? War ihm die Welt so zuwider, dass er unbedingt eine freundlichere Variante davon brauchte? Spielte er den schöpfenden Gott in seiner eigenen Papierwelt? War dies eine Realitätsflucht im wahrsten Sinne des Wortes? Der Parcours führte dann zur „inneren Terrasse"[31]. Von dort aus konnte der Besucher "Ersatzturm" in seiner ganzen Länge betrachten. Ähnlich wie bei den Häusern von Croy war der Besucher erst einmal von der übergroßen Erscheinung der Installation beeindruckt. Vor seinen Augen stand zunächst ein kompakter und stabiler Riese. Erst später konnte er die einzelnen Gegenstände erkennen, aus der die Installation bestand. Ihre verspätete Erkennung und ihr „überpolierter" Zustand ließen sie dem Betrachter jedoch nicht näher kommen. Obwohl sie eine gewisse Alltäglichkeit darstellen könnten, wirkten sie stattdessen klinisch kühl. Sie waren dem Betrachter entfremdet. Damit rückte die Genauigkeit in der Erstellung der Installation in den Mittelpunkt der Aufmerksamkeit. Die Geste erwies eine große Absichtlichkeit. Nur blieb die vom Künstler vorgesehene Funktion für diesen gegenwärtigen Totempfahl verborgen. Die Installation blieb einfach faszinierend und beunruhigend zugleich weiter da. Nach der erdrückenden Begegnung mit "Sondermodelle" konnte die überkalkulierte Geste, woraus "Ersatzturm" entstand, sowie ihre außergewöhnliche Kühle einfach nur als Schöpfung einer vom Zwang beherrschten Seele wirken.

4.2.5 Zusammenfassende Interpretation

Obwohl sehr grafisch, spielt die Komposition eine große Rolle in der Rezeption von „Ersatzturm". Die überdimensionalen, senkrechten Linien dominieren erst einmal die Blickführung und lassen dabei die Installation als beachtlich hoch aber ziemlich stabil erscheinen. Die waagerechten Linien werden später registriert und ermöglichen die Erkennung der einzelnen Gegenstände. Diese sind gebraucht, sehen aber wie neu aus. Ihre verspätete Erkennung und widersprechende Erscheinung verursachen Entfremdung. Der Künstler führt den Betrachter absichtlich weg vom Gewöhnlichen. Lesart 1 (Neues entstehen lassen, rudimentäres Gebäude) wäre passend, spricht aber die Unruhe, die der Betrachter dabei spürt, überhaupt nicht an.

Mit der Fotoserie „Equilibres - Stiller Nachmittag" zielen Fischli / Weiss auf Spektakularität des Alltäglichen. Ihre vorübergehenden Installationen sind Ergebnis einer ungezwungenen Neugier. Der Betrachter wird von der Freude an der Umschreibung der Funktion von gewöhnlichen Gegenständen angesteckt. Dagegen fühlt sich „Ersatzturm" schwermütig und dunkel an. Diese Schwere findet eine ungeschickte Begründung in „Untitled": Gegenstände stellen eine übergroße Behinderung dar. Die Schwere ist auch in „Motorräder" nachzuempfinden. Ihre Begründung ist hier aber artikulierter: sie ist Ausdruck eines vom Künstler

---

31 Wie früher erwähnt, ermöglicht der Ausstellungsraum auf der zweiten Etage der KW einen Blick auf den unteren Ausstellungsraum.

bewusst gewollten Trennungsprozess. „Untitled" und „Motorräder" helfen dabei Lesarten 2 (Entstehung einer neuen Leere irgendwo anders), 3 (menschliche Unfähigkeit sich vom Alten zu verabschieden) und 4 (Menschen lassen sich von bloßen Gegenständen definieren) zu verstärken. Diese Interpretationen werden auch reichlich innerhalb der Fachliteratur über die gesamte Arbeit Florian Slotawas bestätigt. Damit könnten sie als verifizierte Hauptsinnstruktur von „Ersatzturm" verstanden werden.

Wie schon an früheren Stellen der vorliegenden Analyse ausgeführt, sind Slotawas Installationen ortsspezifisch: Der designierte Ort beeinflusst ihre strukturelle Entwicklung. Dies ist auch bei der bb4 und des Kunstwerks „Ersatzturm" der Fall. Die Räumlichkeiten der KW unterscheiden sich jedoch sehr stark von denen der St. Johannes-Evangelist-Kirche, in der „Mandi III" von Kris Martin ausgestellt wurde: sie sind neutral und sorgen für keine zusätzliche Prägung, die den Betrachter in seiner Annäherung zum Kunstwerk beeinflussen könnte. Wieso scheinen dann die als Hauptsinnstruktur identifizierten Lesarten 2, 3 und 4 hier nicht zu gelten? Dies kann so beantwortet werden, indem die Installation in Verbindung mit anderen Kunstwerken betrachtet wird, die im gleichen Raum ausgestellt wurden. Aufgrund der knappen Darstellung dieser Arbeit wurde nur ein weiteres Kunstwerk in Betracht gezogen: "Sondermodelle" von Oliver Croy mit Oliver Elser. "Sondermodelle" verkörpert Realitätsflucht im wahrsten Sinne des Wortes: Die Schöpfung des Wiener Versicherungsbeamtens Peter Fritz ist dem Wahn nicht fern. Die Emotionalität, die diese Nachempfindung in Bewegung setzt, ist so stark, dass sie „Ersatzturm" einschließt. In der Tat wird der Diskurs über die menschliche Emotionalisierung von Gegenständen in der Installation angesprochen. Er wird aber von starken (und somit verwirrenden) Gefühlen ausgeblendet: Die klinisch kühle Geste wird einfach nur als manisch wahrgenommen. Durch die Gegenüberstellung von „Ersatzturm" mit „Sondermodelle" wird nun Lesart 5 (krankhafter Umgang mit Besitz) als (reduzierende) Abweichung der Hauptsinnstruktur stärker hervorgerufen.

4.3 Berlinde De Bruyckere: „lichaam (corpse)"

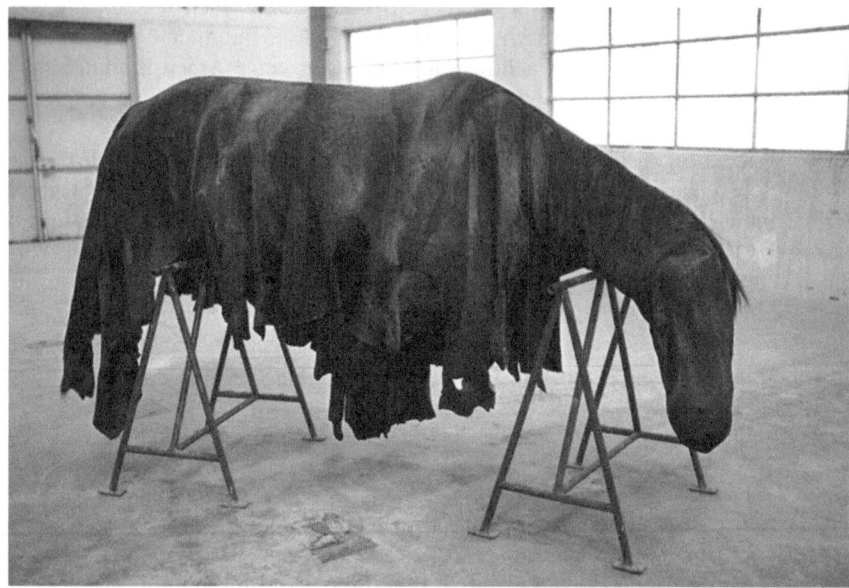

Abb. 18: **Berlinde De Bruyckere** *lichaam (corpse)* (2002-2006)
Epoxyd, Eisen, Pferdefell / 153,5 x 102 x 288,5 cm / Unikat
Foto Ela Bialkowska
Courtesy GALLERIA CONTINUA, San Gimignano / Beijing / Le Moulin

4.3.1 Daten zum Kunstwerk

Berlinde De Bruyckere[32] realisierte „lichaam (corpse)" zwischen 2002 und 2006. Die Skulptur besteht aus Pferdefell, Eisen und Epoxyd, einem plastischen Kunststoff von hoher Festigkeit. Die pferdeähnliche Form wurde nach einem Abguss eines Pferds mit Kunststoff grob modelliert, mit echtem Pferdefell überzogen und mit zwei Metallböcken erhöht. Die Maße sind realistisch und deswegen sehr imposant: 153,5 x 102 x 288,5 cm.

Der Titel des Kunstwerks besteht aus dem Flämischen Wort „lichaam" und dem in Klammern geschriebenen Englischen Wort „corpse". Das englische Wort wirkt als Übersetzung des flämischen Titels und führt somit in die Irre, denn in der Tat steht „lichaam" für Körper bzw. Rumpf, nicht aber für Leiche[33].

---

32 1964 in Gent, Belgien, geboren, wo sie noch lebt und arbeitet.
33 lookwayup.com/lwu.exe/lwu/toEng?s=d&w=lichaam&slang=Nldf (zugegriffen am 18.12.2011)

4.3.2 Mögliche Lesarten des Kunstwerks

Folgende Lesarten sind in der Phase der intuitiven Annäherung zum Kunstwerk entstanden:

1. Das Kunstwerk stellt Vergänglichkeit dar. Das Fell des Pferdes ist sehr glänzend und wirkt somit gesund, lebendig. Im Gegensatz dazu steht sein Maul: es sieht so aus, als ob es sich gerade auflösen würde. Beine hat das Pferd schon nicht mehr. Befindet sich das Pferd in einem Zustand der Verwesung?
2. Das Kunstwerk ist eine Reflexion über Natur und Technologie. Das Pferd steht für die Natur, die von ihrer Essenz entleert wurde. Die Böcke, die diese pferdeähnliche Form tragen, stellen die Technologie sowie deren Versuch dar, die Natur künstlich wiederherzustellen;
3. Das Kunstwerk stellt eine Niederlage dar. Niederlage und das Leiden, welches durch die Niederlage verursacht wird, sind Bestandteile einer Existenz und hinterlassen sichtbare sowie unsichtbare Spuren. In seiner ramponierten Erscheinung verkörpert dieses Pferd jene Spuren und wirkt dadurch tragisch;
4. Das Kunstwerk stellt den Versuch dar, etwas am Leben zu halten, das schon längst vergangen ist. Verkörpert das Pferd die menschliche Unfähigkeit etwas (oder sogar jemanden) nicht loslassen bzw. den Willen etwas (oder sogar jemanden) nicht vergessen zu können?

Die Lesarten 1 und 4 sind thematisch miteinander verbunden. Lesart 1 setzt sich mit der vergänglichen Natur des Lebens auseinander. Wie mit dieser Tatsache des Lebens umgegangen wird ist der Ausgangspunkt der Lesart 4 und somit die natürliche Fortsetzung der Lesart 1. Lesart 3 beschäftigt sich auch mit einem (wenn auch anderen) mühsamen Aspekt des Lebens. Geprägt werden diese drei Lesarten von einer hohen Emotionalität. Diskursiv und kritisch wirkt stattdessen Lesart 2. Ihre analytische Natur trennt sie deswegen scharf von den anderen drei Lesarten ab.

4.3.3 Objektive Merkmale

Für ihre pferdeähnlichen Skulpturen arbeitet Berlinde De Bruyckere seit 2000 mit ein und demselben technischen Verfahren. Dank einer langjährigen Kooperation mit der Universität Gent darf sie direkt in der dortigen Pferdeklinik Abgüsse von kürzlich verstorbenen Tieren herstellen. Mit Hilfe dieser Abgüsse modelliert sie dann in ihrem Atelier die Tierkörper aus Kunststoff und Wachs nach. Später überzieht sie diese mit echten Pferdefellen, die von einem Händler gekauft werden, der diese sonst für die Lederindustrie gerbt[34].

„Lichaam (corpse)" ist eines der ersten Ergebnisse dieser langwierigen Prozedur. Dabei konzentrierte sich die Künstlerin aber ausschließlich auf den Rumpf. Die realistische Wiedergabe des Beckens, der Wirbelsäule, des Schädels sowie der Massen des Pferdes ist überwältigend. In der Tat ist es die Linie des Rückens, die den Blick zuerst in die Betrachtung des Kunstwerks führt und das Tier sofort erkennbar macht. Interessanterweise bleibt die Geduldsarbeit der Künstlerin mit dem Kunststoff dem Betrachter völlig verborgen: dank seines Glanzes tritt das Fell stark hervor. Das Staunen über die Glätte des Fells am Rücken lässt aber sofort nach. Die vielen Falten an den Seiten des Tieres führen den Blick des Betrachters von der Linie der Wirbelsäule weg. Augenblicklich kommen dem Betrachter diese Falten sehr unnatürlich vor und verraten das Tragische der unteren Hälfte, die statt aus kräftigen Oberschenkeln und schlanken Beinen aus hängenden Fetzen und zwei gebrauchten Metallböcken besteht.

Materialien und ihre Eigenschaften sorgen nun für die Komposition in der Skulptur. Es ergibt sich eine waagerechte Blickführung, die in drei Momente unterteilt ist:

1. oberer Teil:
   Fell – Glätte, realistisch
2. mittlerer Teil:
   Fell – Übersättigung, unnatürlich
3. unterer Teil:
   Fell – Verdorbenheit sowie Metallböcke – Kälte, künstlich

Interessanterweise ist zu beobachten, dass sich die vielen Imperfektionen des Fells (z.B. Nahtstellen, Kratzer, Flicken) dem Betrachter nur auf dem zweiten Blick offenbaren. Außerdem ist bei der Betrachtung zu erkennen, dass Fell und Metallböcke auch für entgegengesetzte Volumen sorgen: Das Fell vermittelt ein Gefühl von (Über)Fülle, die Metallböcke von Leere.

Berlinde De Bruyckere hat „lichaam (corpse)" aus den Spannungsfeldern

---

34 www.artinfo.com/news/story/31241/berlinde-de-bruyckere (zugegriffen am 15.12.2011)

zwischen Realismus und Künstlichkeit sowie zwischen Fülle und Leere geschaffen. Der Einsatz solcher Spannungsfelder ist offensichtlich zentraler Bestandteil des Kunstwerkes.

4.3.4 Kontexte

4.3.4.1 Gattung

„lichaam (corpse)" einer eindeutigen Gattung zuzuordnen ist keine leichte Aufgabe. Verwirrend ist erst einmal die Erscheinung des Kunstwerks. Dem Betrachter ist bekannt, dass es zwischen 2002 und 2006 geschaffen wurde. Es ist somit zeitgenössisch, erscheint jedoch wie aus einer anderen Zeit. Es ist besonders das Sujet – ein Pferd – welches das Kunstwerk so erscheinen lässt. In der Antike wurde das Pferd u.a. als Symbol für Eleganz, Ehre, Stärke, Kampfesmut und Erhabenheit eingesetzt. Die Symbolik des Pferdes war so stark, dass sich unzählige mächtige Figuren aller Zeiten auf einem kräftigen Pferd porträtieren ließen: seit der Antike und bis zum Neoklassizismus war das Reiterstandbild die beliebteste öffentliche Darstellungsform derjenigen, die geehrt werden wollten (Poeschke / Weigel / Kusch-Arnhold (Hg.) 2008). Außerdem war das Pferd vor der Verbreitung des Automobilverkehrs das Transportmittel der Elite. Heute ist Reiten das Hobby bzw. die Sportart der wohlhabenden Gesellschaftsschichten. Das Pferd wird eindeutig mit starken Assoziationen aufgeladen: es wirkt augenblicklich altmodisch und elitär. Diese Spannung zwischen den tatsächlichen Angaben und der Erscheinung des Kunstwerks schenkt der Skulptur eine zeitlose Aura.

Wenn aber tatsächliche Angaben, bildhafte Assoziationen und die zeitlose Aura beiseite gelegt werden, zeigt sich „lichaam (corpse)" unzweideutig als dreidimensionale Darstellung, d.h. eine Skulptur. Offensichtlich hat Berlinde De Bruyckere dafür den für die Bildhauerei sehr prägenden Themenkreis der Materie im Raum bearbeitet und sich gründlich mit Merkmalen wie Oberfläche, Körper-Raum Verhältnissen und Volumen auseinandergesetzt. Nicht umsonst erinnern einige Aspekte des Kunstwerks an Arbeiten von Künstlern, die die Bildhauerei stark beeinflusst haben. Die groben Nahtstellen am Pferdefell des Kunstwerkes von Berlinde De Bruyckere können z.B. mit den gewaltsamen Nähten an Körpern und Gliedern der Textilarbeiten von Louise Bourgeois[35] (vgl. „TEMPER TANTRUM" 2000) verglichen werden. Außerdem ähnelt der Versuch von De Bruyckere aus dem Fell das ursprüngliche Pferd „wiederherzustellen" dem von Giuseppe Penone[36]. Der Italiener arbeitet u.a. mit Holzstämmen. Von diesen ab-

---
35 1911 in Paris, Frankreich, geboren; 2010 in NYC, USA, gestorben.
36 1947 in Garessio, Italien, geboren; lebt und arbeitet in Turin, Italien.

gestorbenen Holzstücken meißelt er die Wachstumsschichten weg. Nur das Kernholz bleibt übrig, d.h. der Ursprung des Lebens des Baums (vgl. „Cedro di Versailles" 2002 – 2003).

Selbstverständlich können Spuren der Malerei alter Meister nicht negiert werden. Die Farbtöne des Fells mit ihrer Fülle, ihren Schatten und Glanzstreifen erinnern besonders an die Nutzung von Licht und Farbe in der venezianischen Malerei der Renaissance. Die Falten des Fells erinnern an die Falten des Kleides Marias in der „Mariä Himmelfahrt" von Tizian. In der Tat ist Berlinde De Bruyckere eine ausgebildete Malerin, keine Bildhauerin: in vielen Interviews hat sie sehr offen von ihrer Begeisterung für Alte Meister erzählt[37]. Um zeitgenössischer zu denken, erinnert der brutale Eingriff in der Wiedergabe des Tierkörpers an einige Malereien von Francis Bacon[38] (vgl. „Study for a Chimpanzee" 1957). Trotz der zweifellosen Verbindung mit Malerei weist aber „lichaam (corpse)" einen viel stärkeren skulpturalen Charakter auf.

4.3.4.2 Zeitgenossin: Lisa Lapinski

Abb. 19: **Lisa Lapinski** *Tobacco Camel 1* (2011)
Schaumkunststoff, Klebstoff, Tabak, Holz / 100 x 113 x 21,5 cm / Unikat
Foto Roman März
Courtesy Johann König, Berlin

---

37 www.artinfo.com/news/story/31241/berlinde-de-bruyckere (zugegriffen am 15.12.2011)
38 1909 in Dublin, Irland, geboren; 1992 in Madrid, Spanien, gestorben.

"Tobacco Camel 1" von Lisa Lapinski[39] besteht aus Schaumkunststoff, Klebstoff, Tabak und Holz. Ähnlich wie bei „lichaam (corpse)" wurde die unsichtbare Tragestruktur aus Holz und Schaumstoff gebaut und später mit Klebstoff angestrichen, um darauf den Tabak zu legen. Mit dem Tabak wurden dann die Details der Kamelfigur modelliert. Scheinbar ist die Vorgehensweise der zwei Künstlerinnen sehr ähnlich gewesen. Bewusst entschieden sie sich diese bestimmten Tierarten aus präzise ausgewählten Materialien nachzumodellieren. Dies bedeutet, dass nur diese Materialien sowie nur diese Tierarten das Konzept in seiner reinen Form für den Betrachter am besten fassbar machen können. Bei einer aufmerksameren Betrachtung wird aber sehr schnell klar, dass hiermit die Ähnlichkeiten zwischen den Kunstwerken auch hinreichend erwähnt sind.

Der Geruch des Tabaks, woraus das Kunstwerk von Lapinski besteht, ist in Zusammenhang mit Kunst absolut unerwartet: heutzutage ist Rauchen sogar bei Eröffnungen in privaten Galerien streng verboten. Der Geruch ist so eindringend, dass er viel früher als die Skulptur selbst wahrgenommen wird. Dies erlaubt der Skulptur, sogar vor ihrer Erscheinung sehr viel Neugier zu wecken. Das Kamel von Lapinski materialisiert sehr offensichtlich, was ein im Gedächtnis vom Betrachter sehr geprägtes Logo normalerweise vertritt: die Zigaretten der Marke Camel. Lapinski wiederholt sogar den gleichen Fehler des Tabakkonzerns, um die Assoziation nicht zu zerstören: sie modelliert ein Dromedar, nennt dieses aber Kamel. Das Kunstwerk von Lapinski weckt Neugier, wirkt spektakulär, ist aber so zugänglich, dass es fast plakativ und einschichtig erscheint. Es ist so redundant, dass es keinen Sinn mehr trägt: es ist einfach nur eine Kopie von einer Kopie. In der Tat ist es dies, was die Künstlerin interessiert:

> „Der Gebrauch von massenmedial verbreiteten Bildern ist ein häufiges Thema in Lapinskis Arbeiten. 'Ich halte Ausschau nach Dingen, die so allgemein oder offenkundig sind, dass sie einem nicht die geringste Information liefern', so die Künstlerin"[40].

Die Tatsache, dass es auf einem weißen Sockel ausgestellt wird, lässt es sogar anmaßend wirken.

Im Vergleich mit Lapinskis „Tobacco Camel 1" wirkt „lichaam (corpse)" von De Bruyckere viel komplexer, ironischerweise weniger spektakulär und durchaus tragisch. Sogar der Vergleich zwischen elegantem, weißen Sockel und stark gebrauchten Metallböcken ist vielsagend. Der eine Vergleichsmoment lässt ein Kamel edel und somit sogar als Kunstwerk erscheinen. Als provisorischer Er-

---

39 In Palo Alto, Kalifornien, USA, geboren; lebt und arbeitet in Los Angeles, USA. In keiner verfügbaren Biographie der Künstlerin wurde ihr Geburtsdatum angegeben. Sie hat aber ihr Erststudium in 2000 abgeschlossen und es kann deswegen vermutet werden, dass sie in den 1970er Jahren geboren ist.
40 www.johannkoenig.de/148/37/lisa_lapinski/exhibitions/lisa_lapinski/press_release.html (zugegriffen am 22..12.2011)

satz der Beine verwandeln die Böcke stattdessen ein Pferd in eine unvollkommene und durchaus tragische Figur.

4.3.4.3 Zusätzliche Kunstwerke von Berlinde De Bruyckere

Zwei sind die immer wiederkehrenden Motive in der Ikonographie von De Bruyckere: Menschen- und Pferdekörper.

Abb. 20: **Berlinde De Bruyckere *K36 (The Black Horse)* (2003), *Per Benedetto* (2009)**
(links) Schaumstoff, Pferdefell, Holz, Eisen
Tisch 299 x 158 x 90 cm; insgesamt 295 x 286 x 158 cm / Unikat
Foto Ela Bialkowska
(rechts) Wachs, Epoxyd, Metall, Holz, Eisen / 201 x 70 x 120 cm / Unikat
Foto Mirjam Devriendt
Courtesy GALLERIA CONTINUA, San Gimignano / Beijing / Le Moulin

Wie die Falten am Pferdefell von „lichaam (corpse)", weist die unnatürliche Verkrümmung des Tierkörpers in „K36 (The Black Horse)" eine beunruhigende Anomalie auf. Obwohl das Pferd hier ganz dargestellt wird, distanziert sich die Skulptur kaum von „lichaam (corpse)". Zweifellos verfolgt die Künstlerin damit eine treffende Darstellung für ein gleiches Konzept weiter. Die Reaktion auf „Per Benedetto" erweist sich als besorgniserregender, ja durchaus ablehnend. Der Zerfall an der Haut, der die malerische Fähigkeiten der Künstlerin herausfordert, um weiter realistisch arbeiten zu können, ist viel deutlicher als am Pferdefell zu erkennen. Die Verkrümmung des Körpers gibt große Verwundbarkeit wieder. Die Assoziation mit der Zerbrechlichkeit eines alten Körpers ist unmittelbar. Der Tod scheint hier viel näher zu kommen.

Trotz der anfänglichen Reaktion auf „Per Benedetto" weist eine zweite

Betrachtung klare Berührungspunkte zwischen den Kunstwerken auf. Die Thematik bleibt unverändert: Besonders Lesart 1 (Vergänglichkeit) und Lesart 3 (Niederlage) werden hier verstärkt. Weniger einsetzbar scheinen stattdessen Lesart 2 (Wiederherstellung der Natur durch Technologie) und Lesart 4 (Wille nicht zu vergessen). Bemerkenswert ist aber, dass auch diese zwei weiteren Figuren trotz ihrer Vollkommenheit auf Objekten bzw. Möbelstücken ausgestellt werden: das Pferd sitzt auf einem Tisch, der Mensch kriecht auf irgendeinem Schrank. Lesart 2 versteht die Böcke als Symbol einer invasiven Technologie. In diesem Sinne wurden sie als künstlich, kalt und sogar aufdringlich empfunden. Ihre stützende (und somit mitfühlende) Natur sowie ihre physisch und metaphorisch erhöhende Funktion wurden ungerecht vernachlässigt: nach Anpassungen, die aus diesem Blickwinkel angebracht erscheinen, gewinnt Lesart 2 wieder an Gültigkeit.

4.3.4.4 Über die Kunst von Berlinde De Bruyckere

Das Pferd als Symbol, die Verbindung zur Malerei bzw. Bildhauerei alter Meister, die Spektakularität durch Realismus, die Tragödie sowie stützende Objekte stellen sich in der bisher entwickelten Analyse als wesentliche Bestandteile von „lichaam (corpse)" heraus.

Wie schon bereits erwähnt, ist das Pferd eine wiederkehrende Figur in De Bruyckeres Ikonographie. Zentral zum Verständnis des weiteren Einsatzes des Tiers bei De Bruyckere ist die Installation „In Flanders Fields" (2000), die die Künstlerin nach Fotografien gefallener Pferde auf den Schlachtfeldern Flanderns aus dem Ersten Weltkrieg schaffte:

> „De Bruyckere reproduziert die Pferde in Wachs und Pferdefell mit gespreizten Beinen und hervorquellenden Eingeweiden in den grotesken Positionen, in denen sie zurückgelassen wurden, und erinnert so an ihren qualvollen Tod – und damit zugleich an alle Opfer von bewaffneten Konflikten, von denen beim Einmarsch Napoleons in Spanien, der in Francisco de Goyas Desastres de la Guerra (1810–20) geschildert wird, bis zu denen im heutigen Bagdad." (Cattelan / Gioni / Subotnick (Hg.) Kurzführer 2006, S. 206)

So wie die Pferde in „In Flanders Fields" symbolisiert die pferdeähnliche Form in „lichaam (corpse)" nicht nur ein reales Tier, sondern ein viel breiteres Konzept.

Sofern es die Verbindung zu alten Meister betrifft, geht die Künstlerin mit ihrer Begeisterung für alte Malerei und Bildhauerei sehr offen um:

> „Ihre Skulpturenserien menschlicher Körper zum Thema [sic!] 'Pieta' und 'Schmerzensmann' sind von Lucas Cranach dem Älteren (1472–1553) inspiriert. Die international renommierte belgische Künstlerin bewundert die sinnliche Intensität und seelische Tiefe seiner Gestalten. Anders als bei Cranachs Zeitgenossen Albrecht Dürer folgen diese keinem idealisierten

Menschenbild, sondern offenbaren ihre inneren Zustände und Abgründe. De Bruyckere: 'Seine Leiber sprechen aus, was den Figuren auf der Seele liegt – ihre Ängste, ihre Leidenschaften, ihre Zweifel'"[41].

Besonders für ihre Arbeit mit dem menschlichen Körper hat sich die Künstlerin

„ ... die Geplagten der Welt in den Bildern von Hieronymus Bosch, Albrecht Dürer genau angesehen, aber auch die von Vater und Sohn Tiepolo sowie die Barockskulptur. Sie schafft es, die heutigen Betrachter nicht gleichgültig zu lassen - ähnlich wie Francis Bacon, der größte britische Maler des 20. Jahrhunderts"[42].

Bei vielen Zeitgenossen von De Bruyckere wird Spektakularität zum Selbstzweck. Als Beispiel sollen hier die echten und in Formaldehyd eingelegten Tierkörper von Damien Hirst gelten (vgl. „The Physical Impossibility of Death in the Mind of Someone Living" 1991). Schon im Zusammenhang mit dem kaum schockierenden „Tobacco Camel 1" von Lapinski wurde die Spektakularität von „lichaam (corpse)" sehr schnell verharmlost. In der Tat ist die Arbeitsweise von De Bruyckere eindrucksvoll; damit zielt die Künstlerin aber nicht lediglich auf den Aha Effekt:

„Der Tod ist ihr Thema. Das verschreckt die einen Betrachter, die anderen sind gebannt. Denn so wie die Belgierin Berlinde de Bruyckere Mensch und Tier mit Epoxit und Malerei in Wachs nachbildet, hat es etwas Anrührendes. Nicht der Voyeurismus dominiert, sondern das Mitgefühl und die Reflexion eines verdrängten Tabus"[43];

„So grausam 'Romeu', das männliche Modell, dessen Körper sie abgeformt und gewaltsam verändert hat, umgekommen scheint, er wird durch die Kunst überhöht. Der gemarterte Körper bekommt seine Würde zurück, weil die Künstlerin ihm Pathos und Mitleid entgegenbringt"[44].

De Bruyckere arbeitet nun realistisch, um Empathie in dem Betrachter hervorzurufen. Auf die Frage, ob sie interessiert sei, den Betrachter zu schockieren, antwortete die Künstlerin:

„Genau im Gegenteil! Ich will, dass meine Arbeit den Menschen hilft, Antworten auf ihre existenziellen Fragen zu finden. Ich bin mir bewusst, dass die Themen, mit denen ich mich beschäftige und die in meinen Arbeiten aufscheinen, oft Tabus sind. Ich hoffe sehr, diese Tabus im Dialog zwischen den Plastiken und den Betrachtern aufzubrechen, denn ich fühle häufig, dass unsere Möglichkeiten Gefühle wie Schmerz und Angst sprachlich [sic!] zu

---

41 www.aerzteblatt.de/v4/archiv/artikel.asp?src=&id=89099&p= (zugegriffen am 26.12.2011)
42 www.handelsblatt.com/lifestyle/kunstmarkt/ausstellungen/erfolg-mit-einem-verdraengten-thema/3480670.html?p3480670=all (zugegriffen am 26.12.2011)
43 ebd.
44 ebd.

auszudrücken, begrenzt sind"[45].

Ausdruck ihres eigenen Mitgefühls sind gestützte Objekte. Allerdings kommen sie einem ziemlich provisorisch vor. Trotzdem erfüllen sie ihre Aufgabe, nämlich die Figuren über den Boden hinauszuheben:

> „Mit derselben Zärtlichkeit, mit der Cranachs Gottesmutter in der [sic!] 'Pieta unter dem Kreuz' (um 1510) ihren toten Sohn in den Armen hält, bettet De Bruyckere die hingestreckte verstümmelte Gestalt ihrer [sic!] 'Pieta' sanft auf Kissen"[46].

Die einfache Geste hat eine starke emotionale sowie symbolische Kraft. Eine ähnliche Geste wirkt bei Lapinski sehr prätentiös: sie stellt ihr Kamel auf einem Sockel aus und gibt ihr Tier somit als Kunstwerk bekannt. Durch den Einsatz von provisorischen Objekten hören De Bruyckeres Figuren stattdessen auf, irgendein Leiden zu sein und werden zu einem Symbol eines universellen Unwohlseins.

In der Bibliographie über die Künstlerin werden immer existentielle Themen wie Hilfslosigkeit, Zerbrechlichkeit, Vergänglichkeit und Tod angesprochen:

> „[.../...] weist sie auf die Fragilität und Verletzlichkeit unserer Existenz hin, auf Aggression und Gewalt, aber auch auf unser Bedürfnis nach Verständnis, Schutz und Wärme"[47];

> „De Bruyckere scheut sich nicht, offene Wunden und Schmerz darzustellen. Anders als die umstrittene Ausstellung «Körperwelten», die plastifizierte Körper zeigt, bedient sie den Voyeurismus nicht. Vielmehr geht es der 1964 geborenen Künstlerin um die Veräußerlichung eines inneren Schmerzes und um die Konfrontation mit der eigenen Verletzlichkeit"[48].

Die Künstlerin selber erkennt existentielle Fragen über Tod, Leiden, Schmerz und Angst als Inspirationsquellen[49].

4.3.4.5 Ausstellungsort: Alter Garnisonfriedhof

Die letzte Etappe der Ausstellung „Von Mäusen und Menschen" innerhalb der 4. berlin biennale für zeitgenössische kunst fand im Alten Garnisonfriedhof, am östlichen Ende der Auguststraße, statt. Garnisonkirche und -friedhof wurden Anfang des 18. Jahrhunderts erbaut und waren als „ein Ort der stillen Andacht von

---

45 www.kulturfalter.de/index.php?id=994 (zugegriffen am 26.12.2011)
46 www.aerzteblatt.de/v4/archiv/artikel.asp?src=&id=89099&p= (zugegriffen am 26.12.2011)
47 ebd.
48 www.kulturagenda.be/rubrik/ausstellungen/kunst_die_unter_die_haut_geht/ (zugegriffen am 26.12.2011)
49 www.kulturfalter.de/index.php?id=994 (zugegriffen am 26.12.2011)

Soldaten, Offizieren und deren Familien" gedacht[50]. Die Bombenangriffe von 1943 zerstörten die Kirche, die später dem Abrißbagger zum Opfer fiel. Der Friedhof wurde auch stark beschädigt, aber dennoch erhalten. Nach der Wende wurde er restauriert. Heute zählt er zu den ältesten Begräbnisstätten Berlins und ist der älteste seiner Art in der Hauptstadt. Dank des Fördervereins Alter Berliner Garnisonfriedhof e.V. wurde Ende der 90er Jahre ein Lapidarium im Gelände erbaut, das der Aufbewahrung und der Ausstellung von Originalplastiken sowie dem originalen Altartisch der Garnisonkirche dient[51]. „lichaam (corpse)" wurde im Lapidarium als einziges Exponat der Biennale ausgestellt.

Abb. 21: **Alter Garnisonfriedhof**, Kleine Rosenthaler Straße 3 - Eingang und Lapidarium (2006)
Fotos Uwe Walter
Courtesy Berlin Biennale für zeitgenössische Kunst

Ähnlich wie mit „Mandi III" von Kris Martin in der St. Johannes-Evangelist-Kirche entdeckt der Besucher „lichaam (corpse)" von De Bruyckere, wenn er den Friedhof schon wahrgenommen hat. In der Tat muss man erst den Friedhof durchqueren, um das Lapidarium zu erreichen. Egal ob Gläubige oder nicht, aus einer westlichen Kultur stammend oder nicht, beinhaltet jegliche Art von Begräbnisstätten bei allen Menschen eine von Achtung geprägte Haltung,

---

50 www.garnisonfriedhof-berlin.de/plan.htm (zugegriffen am 29.12.2011)
51 ebd.

verbunden mit Nachdenklichkeit. Der Friedhof ist Ausdruck der Menschen mit dem Tod umzugehen. Mit dem Tod setzt sich die gesamte Menschheit auseinander. Wie auch Geburt, Alter und Krankheit gehört er zu den universellen Themen des Lebens. Auch wenn das Lapidarium vorher nicht betreten wurde, ist das Thema Tod schon längst für jedweden Besucher allgegenwärtig.

Das Lapidarium ist ein kleines, helles und modernes Gebäude. Seine Bescheidenheit dient der Schönheit der Plastiken, die somit ungestört betrachtet werden können. Inmitten des kleinen Raumes und der hellen Marmorplastiken ist die dunkle Linie des Rückens von „lichaam (corpse)" noch deutlicher als die eines Pferdes zu erkennen. Die Farbtöne des Fells mit ihren Schatten und Glanzstreifen kommen dem Betrachter noch gesättigter vor, lassen die vielen Fetzen in der unteren Hälfte des Rumpfes viel klarer erkennen und die Maße der Skulptur sogar imposanter wirken. Das Pferd vergeht hier nicht: es ist schon tot. Wie in der Installation „In Flanders Fields" (2000) symbolisiert „lichaam (corpse)" viel mehr als nur ein verstorbenes Pferd: Die Skulptur stellt den Tod selbst dar.

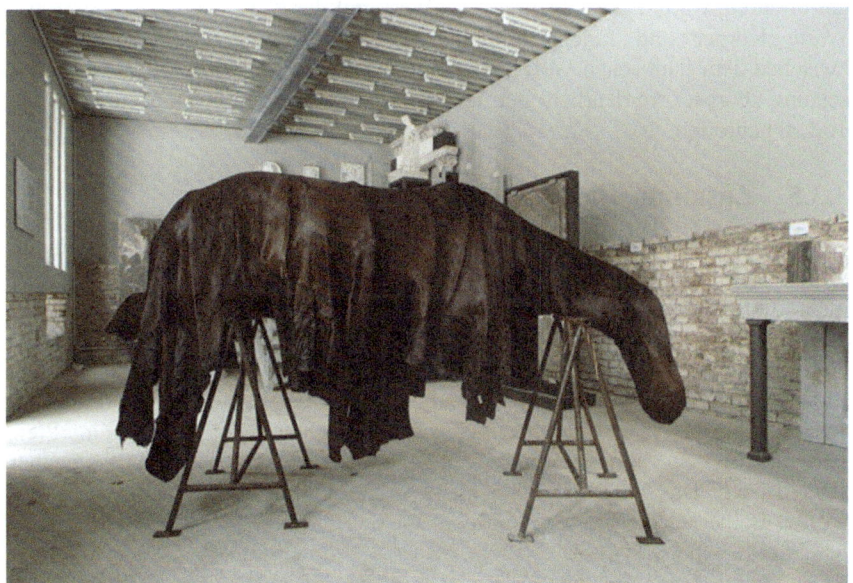

Abb. 22: **Berlinde De Bruyckere *lichaam (corpse)*** (2006), Installationsansicht
4. berlin biennale für zeitgenössische kunst, 2006
Mit freundlicher Unterstützung der Flämischen Behörden, Belgien
Foto Uwe Walter
Courtesy Berlinde De Bruyckere, GALLERIA CONTINUA San Gimignano / Beijing / Le Moulin, Hauser & Wirth, Zurich / London

Diese instinktive Lektüre überzeugt jedoch nicht ganz. Damit wird den Metallböcken keine Funktion zugeschrieben, obwohl sie das Gefühl der Leere in diesem Kontext viel stärker zum Ausdruck bringen. Außerdem wird das Lapidarium zu einem neutralen Hintergrund, obwohl Grabplatten unübersehbar die Skulptur umringen. Da der dunkle Rumpf in dem kleinen, hellen Raum übergroß erscheint, wird die prekäre Natur der Böcke noch auffälliger. Die Intervention einer äußeren Kraft wirkt hier markanter: Die Böcke kommen als gewaltige Anstrengung eines Menschen daher, einen verstorbenen Körper „wieder auf die Beinen zu bringen". Dieser Versuch findet aber in keinem Vakuum, sondern in einem mit Grabplatten vollgestellten Raum statt. Sie erinnern durch Namen und Daten an bestimmte Existenzen. Es ergibt sich eine Analogie zwischen Böcken und Grabplatten: sie wurden von Dritten hergestellt, die etwas bzw. jemanden nicht vergessen wollen. Da einem die Anstrengung diese Erinnerung am Leben zu behalten in „lichaam (corpse)" gewaltig vorkommt, wird das Kunstwerk hier zur Darstellung der für die Menschen typische Schwierigkeit, die Vergänglichkeit des Lebens (und darüber hinaus des Todes) zu verarbeiten. Dies könnte sogar erklären, warum die Künstlerin das Werk mit der Nebeneinanderstellung der Worte „Körper" und „Leiche" betitelte. Die anscheinend geringfügige Differenz zwischen dem flämischen Wort „lichaam" und seiner in die Irre führenden Übersetzung „corpse" verdeutlicht den unzulänglichen Versuch eines Menschen den Tod zu begreifen.

4.3.5 Zusammenfassende Interpretation

Es ist die realistische Wiedergabe des zerfallenden Rumpfs eines Pferdes, die zuerst den Betrachter fesselt. Der Realismus von „lichaam (corpse)" wird aber nicht zum Selbstzweck. Schon im Vergleich mit Lapinskis „Tobacco Camel 1" wird es klar, dass De Bruyckere nicht auf Spektakularität zielt. Stattdessen wird eine Brücke für den Betrachter gebaut, um das Konzept hinter der Erscheinungsform fassbarer (und dementsprechend zugänglicher) zu machen. Dank der scheinbar perfekten Wiedergabe erkennt der Betrachter augenblicklich eine Pferdefigur. Der erst einmal beeindruckende Realismus lässt in der Wirkung aber schnell nach. Das Maul der Figur sieht so aus, als ob es sich gerade auflösen würde. Beine hat die Figur schon nicht mehr. Hiermit wird Lesart 1 (Vergänglichkeit) gestärkt.

Nur auf den zweiten Blick offenbart das Pferdefell Imperfektionen wie Nahtstellen, Kratzer, Flicken. Durch den Vergleich mit den Werken von Louise Bourgeois und Giuseppe Penone werden diese Imperfektionen nicht als solche, sondern als gewollt sichtbare Interventionen der Künstlerin erkannt. Hier scheint Lesart 2 (Wiederherstellung der Natur durch Technologie) eine Begründung zu finden.

Andere Werke von De Bruyckere, und besonders „Per Benedetto", zielen unzweideutig auf die Zerbrechlichkeit der Existenz. Hiermit wird Lesart 1 (Vergänglichkeit) wieder bestätigt. In der Betrachtung dieser Werke wird aber auch klar, dass De Bruyckere seine Figuren immer wieder mit stützenden Trägerkonstruktionen versorgt. Sei es ein Tisch, ein Schrank oder ein Kissen: diese Objekte haben eine physische und metaphorische erhöhende Funktion und drücken somit Mitgefühl aus. Aus diesem Blickwinkel, und nach angebrachten Anpassungen, gewinnt Lesart 2 (Wiederherstellung der Natur durch Technologie) an Gültigkeit.

Alle bibliographischen Referenzen nennen immer wieder Hilflosigkeit, Zerbrechlichkeit, Vergänglichkeit und Tod als Hauptthemen der belgischen Künstlerin. Sogar die Künstlerin selbst bestätigt dies in mehreren Interviews. Damit kann Lesart 1 (Vergänglichkeit) nun als verifizierte Hauptsinnstruktur von „lichaam (corpse)" verstanden werden.

Sobald das Kunstwerk in einem vom Tod geprägten Ort wie dem Lapidarium des Garnisonfriedhofes eingesetzt wird, gewinnen andere Lesarten aber interessanterweise wieder an Glaubwürdigkeit. Genau wie bei den Grabplatten werden die stützenden Böcke als äußere Intervention sowie Ausdruck von Emotionen eines Menschen empfunden. Lesart 2 (Wiederherstellung der Natur durch Technologie) und Lesart 4 (Wille nicht zu vergessen) ergänzen sich hier gegenseitig: Die Böcke sind ein Versuch (Lesart 2) an etwas festzuhalten, das aber längst vergangen ist (Lesart 4). Dementsprechend stellt „lichaam (corpse)" hier die für die Menschen typischen Schwierigkeiten im Zusammenhang mit der Vergänglichkeit des Lebens (und damit dem Tod) zu verarbeiten. Bemerkenswert ist außerdem, dass schon am Anfang der vorliegenden Analyse vermutet wurde, dass De Bruyckere nicht umsonst „lichaam (corpse)" aus den Spannungsfeldern zwischen Realismus und Künstlichkeit sowie zwischen Fülle und Leere geschaffen hat. Eine vollkommene Entfaltung dieser Lesart sowie eine vollkommene Begründung der anfänglichen Vermutung finden aber nur statt, indem das Kunstwerk in diesem einen Kontext betrachtet wird.

Nun wurde die Vergänglichkeit der Existenz als Hauptsinnstruktur von „lichaam (corpse)" mit der vorliegenden Analyse verifiziert. Der Einsatz des Garnisonfriedhofs als Ausstellungsort für das Kunstwerk bei der bb4 verstärkte eine Ausdehnung dieser Hauptsinnstruktur. Es geht wesentlich um die für die Menschen typischen Schwierigkeiten in der Auseinandersetzung mit der Vergänglichkeit des Lebens.

4.4 Versuch einer Auswertung

Die durchgeführten Analysen verdeutlichen, dass jedes der wahrgenommenen Kunstwerke eine Hauptsinnstruktur besitzt, die besonders in einem neutralen Kontext zum Vorschein kommt. An nüchternen Ausstellungsorten verkörpert

„Mandi III" von Kris Martin ein wahres Memento mori, das den Betrachter auf die Vergänglichkeit der Zeit (und darüber hinaus seiner eigenen Existenz) aufmerksam macht. „Ersatzturm" von Florian Slotawa spricht die Tendenz des Menschen – und des Betrachters zugleich – an, bloße Gegenstände zu emotionalisieren, als ob sie das Anhalten von flüchtigen Emotionen versichern könnten. „lichaam (corpse)" von Berlinde De Bruyckere veranschaulicht für den Betrachter die Vergänglichkeit des Lebens.

In den vorgegebenen Fällen offenbart das Verfahren der objektiven Hermeneutik aber auch, dass kein Ausstellungsort ein absolutes Vakuum ist – sogar ein sogenannter White Cube nicht. Innerhalb des Rahmens der Großausstellung „Von Mäusen und Menschen" beeinflussten nicht nur klassische installative Zusammenstellungen die Rezeption der Werke, sondern auch geschichtsträchtige Räumlichkeiten. Zusammenstellungen sowie Räumlichkeiten verdrehten keine der im Vorfeld herauskristallisierten Hauptsinnstrukturen der Werke. Sie leiteten jedoch spürbare Abweichungen davon ein. „Ersatzturm" wurde mit einem erdrückenden Kunstwerk zusammen ausgestellt. Die Emotionen, die dieses Werk in Bewegung setzte, waren so stark, dass sie „Ersatzturm" einschlossen. Dadurch wurde die Reichweite der Hauptsinnstruktur von „Ersatzturm" eingeschränkt und das Werk als zwanghafte Schöpfung einer erkrankten Seele empfunden. In einer Kirche war „Mandi III" kein Memento mori mehr. Das Werk annektierte die starken Konnotationen, die der Ausstellungsort in sich trug und berührte damit die Urangst des Betrachters vor der Leere bzw. Orientierungslosigkeit sowie seine Tendenz dies nicht als eigene Unfähigkeit anzunehmen, sondern als Plan höherer Mächte zu betrachten. Auch „lichaam (corpse)" nahm alle Konnotationen auf, die das Lapidarium darbot. Die Skulptur verbildlichte in diesem einen Kontext die Schwierigkeit des Betrachters, die Vergänglichkeit des Lebens (und darüber hinaus des Todes) zu verarbeiten.

In der Auseinandersetzung mit den ausgewählten Kunstwerken war bei den Interpreten stets eine Beklemmung festzustellen. Besonders in ihrem installativen Kontext boten die Arbeiten ihnen gar keine Antwort an. Stattdessen verstörten sie sie mit Fragen, die die zerbrechliche und vergängliche Natur des Lebens umfassten. Es ist zu vermuten, dass die Interpreten solche Fragen in ihrem Alltag lieber verdrängen oder bewusst unbeantwortet lassen. Diese allgemeine Reaktion, die als großes menschliches Unbehagen vor universellen Themen wie beispielsweise Geburt, Alter, Krankheit und Tod resümiert werden kann, zieht sich wie ein roter Faden durch alle abschließenden Interpretationen der durchgeführten Analysen. Dieses Ergebnis ist im Einklang mit dem von den drei Kuratoren oft angekündigten Wunsch eine Ausstellung zu schaffen, die sich mit der Geisteshaltung der Menschen vor unvermeidbaren Ereignissen des Lebens beschäftigen würde (vgl. Heiser 2006, S. 127).

5 Pressespiegel und Medienecho

Der Pressespiegel der 4. berlin biennale für zeitgenössische kunst wird in diese Arbeit miteinbezogen, um nach Indizien zu suchen, die das endgültige Ergebnis der durchgeführten Analysen verifizieren können. Selbstverständlich kann hier nur ein Bruchteil der mehr als 800 Berichte zitiert werden.

Nach Meinung der Autorin ist eine sehr starke Intention der Kuratoren durch die Wahl von „Mandi III" von Kris Martin als erstes Kunstwerk ihrer Ausstellung deutlich zu erkennen. Das Kunstwerk könnte als Drehpunkt der gesamten Schau betrachtet werden, da es ihre Stimmung präzise einleitete. Dies stellten auch einige Journalisten fest:

> „The first work in the St. Johannes Evangelist Church, by the Belgian artist Kris Martin, is a mechanized timetable whose clicking squares revolve as expected but are all painted black. So here it is: The defining fact of life is death [.../...]" (Smith 2006);

> „Der 4. berlin biennale für zeitgenössische kunst betritt man am besten von der Oranienburgerstraße aus. Zur linken Seite findet sich in der St. Johannes-Evangelist-Kirche eine Arbeit von Kris Martin, die wie ein Menetekel wirkt. [.../...] Die Kuratoren kündigen mit dieser Arbeit ihr Leitmotiv an." (Rebhandl 2006)

"Ersatzturm" von Florian Slotawa wurde in der Presse oft erwähnt. Kommentiert wurde aber ausschließlich die außergewöhnliche Arbeitsweise des Künstlers, leider nicht seine Thematik. Interessanterweise wurde „lichaam (corpse)" von Berlinde De Bruyckere neben vielen Artikeln abgebildet. In der Tat konnte die Erscheinungsform des Werkes die Stimmung der gesamten Ausstellung schlagartig übermitteln. Im Einklang mit den Ergebnissen der betreffenden Analyse schrieben einige Journalisten:

> „Inside the graveyard's lapidarium, Berlinde De Bruyckere's faceless and abstracted taxidermied horse is vulnerably suspended–a strangely substantial ghost"
> (Hirsch / O'Brian 2006, S. 90);

> „Berlinde De Bruyckeres Pferdeplastik im Lapidarium des alten Garnisonfriedhofs wiederum bringt mit skulpturaler Strenge Gefühle von Trauer und Schmerz auf den Punkt."
> (Thon 2006, S. 21)

Um sich einen schnellen Gesamtüberblick der Rezeption der Ausstellung innerhalb der Presse zu verschaffen, sind die Schlagzeilen der Berichterstattungen der Tageszeitungen besonders hilfreich. In dieser Hinsicht ist die Fachpresse uninteressant, da sie bei Rezensionen, wie üblich, einfach den Titel der Ausstellung übernahm. So wie bei den Interpreten lassen viele der Schlagzeilen und Unterzeilen auch bei den Journalisten eine ähnliche Reaktion auf die Kunstwerke durchscheinen und festigen somit das hier herausgearbeitete Leitmotiv der Ausstellung:

„Slapstick des Grauen – Die vierte Berlin-Biennale in der Auguststraße wendet sich den Abgründen des menschlichen Daseins zu" (Heiser 2006);

„Raum für Unbehagen – Die 4. Berlin-Biennale für zeitgenössische Kunst zeigt Obsessionen, Ängste, Einsamkeit: Die dunkle Seite des Lebens" (Badrutt Schoch 2006);

„Rückzug nach innen – Die 4. Berlin Biennale trotz dem Hang moderner Kunst zum Grellen und Bunten. Stattdessen zeigt sie ein dunkles, mystisches Bild der Gegenwart" (Schulze 2006);

„In der Matschpfütze des Seins – Damit hatte niemand gerechnet: Auf der Berlin Biennale gewinnt die Kunst der Gegenwart eine neue Tiefe und Dramatik" (Rautenberg 2006).

Andeutungen über das hier herausgearbeitete Leitmotiv werden auch in den Berichten der einflussreichen Kunstkritiker Jörg Heiser und Jennifer Allen[52] gemacht. Der deutsche Jörg Heiser erwartete nichts seriöse vom kuratorischen Team der bb4:

„Dass sie ihr Ding durchziehen, durfte man erwarten nach den Aktivitäten der drei in der 'Wrong Gallery' [nicht profitorientierter Galerie der drei in New York, *Anm. MC*] [.../...]. Doch nach den ersten Bekundungen des Kuratorenteams, dass ihre Ausstellung von 'Geburt, Leben und Tod' handeln würde, dass sie nach dem Steinbeck-Roman 'Von Mäusen und Menschen' heißt und entlang der Auguststraße von einer Kirche bis zu einem Friedhof aufgereiht werde, stand zu befürchten, dass ihnen nach all den schwindelerregenden konzeptuellen Pirouetten mit der Wrong Gallery der Kopf ganz wirr geworden war." (Heiser 2006)

In seinem Artikel vernachlässigte Heiser keine ihrer Fehlentscheidungen. Besonders prägnant war seine Kritik über die Art, in der die Kuratoren einige Werke lediglich esoterisch wirken ließen. Dennoch lobte er die kuratorische Arbeit nach Kunstwerken statt nach Künstlernamen sowie die thematische Kohärenz der gesamten Ausstellung, womit er das hier herausgearbeitete Leitmotiv ansprach:

---

52 Im Jahre 2006 schrieb Allen noch für diverse internationale Kunstmagazine, Tageszeitungen und Websites; u. a. für frieze, Mousse, Taz, Artforum. Heiser war damals noch als Kulturjournalist für die Süddeutsche Zeitung tätig. Heute zählen beide zu den anerkanntesten Kunstkritikern weltweit und arbeiten als Chefredakteurin bzw. Herausgeber des einflussreichen Kunstfachmagazins frieze d/e.

5 Pressespiegel und Medienecho 81

> „Die vierte Berlin-Biennale ist in zweierlei Hinsicht gnadenlos konsequent. Erstens bleibt sie von Anfang bis Ende stur bei ihrem thematischen Grundton: Paranoia, Unheimlichkeit und Depression. Und zweitens ist sie überwiegend kuratiert nach bestimmten Arbeiten, nicht so sehr nach Oeuvres allgemein. Das ist nicht typisch für Biennalen [.../...]." (ebd.)

Insbesondere lobte er die Zusammenstellung in den KW und sprach das Leitmotiv erneut an:

> „All diese Arbeiten versuchen etwas beinahe Unmögliches: Sie zielen darauf ab, die Isolation, das Gefangensein in verinnerlichten gesellschaftlichen Erwartungen, evident visuell zu belegen, ohne diese Isolation durch Preisgabe von Intimität noch zu erhöhen." (ebd.)

Anhand Allens Berichts versteht man, dass die Amerikanerin noch weniger von der vorherigen Zusammenarbeit der drei Kuratoren begeistert war als ihr deutscher Kollege Heiser. Von Beginn an war sie negativ auf die bb4 eingestellt. Bezüglich der Veranstaltung kritisierte sie besonders ihre marketingorientierte Haltung:

> „The exhibition itself would have been unquestionably solid without the one-liners and marketing tricks. But with a curatorial crew that New York magazine recently dubbed one of 'the art world's JT Leroy' what else would you expect but an intelligent game of cat and mouse, with a little bit of cheese?" (Allen, 2006, S. 282)

Sie betonte jedoch auch:

> „While the Wrong gallerists [Cattelan, Gioni und Subotnik, *Anm. MC*] may have started curating in the manner of a PR team, 'Of Mice and Men' turned out to be a finely crafted exhibition." (ebd.)

Weiterhin pries sie die Auswahl der Ausstellungsorte an. Um dies auszudrücken, sprach sie an, was sich durch die Analysen in der vorliegenden Arbeit als Leitmotiv der Ausstellung herauskristallisierte:

> „bb4 transformed the buildings on Auguststraße into stages for *imagines agentes*, recollecting not speech but the trauma of living, of attempting to find balance between one's own humanity and animality, between being a master or a prisoner of one's own fate." (ebd.)

Insbesondere das im Zitat verwendete Wort „Schicksal" erwirbt im Kontext der vorliegenden Arbeit eine große Bedeutung. Es wurde von der Kunstkritikerin in ihrem Artikel benutzt, um die von den Kuratoren angestrebte Stimmung für die gesamte Großausstellung zusammenzufassen. Hier verweist das Wort jedoch schlagartig auf das Werk „Mandi III". Während der betreffenden Analyse nutzten die Interpreten auch das Wort „Schicksal", um ein erdrückendes Gefühl der

Machtlosigkeit zu benennen, das sie im Kontext der St. Johannes-Evangelist-Kirche vom Kunstwerk ausgehend spürten. Hiermit wird nun die anfängliche Vermutung der Autorin erneut bestätigt, dass die Kuratoren sehr bewusst „Mandi III" als erstes Kunstwerk ihrer Großausstellung auswählten. Die Arbeit leitete eine Stimmung ein, womit sie die ganze Schau prägen wollten.

Genau wie die Schlagzeilen festigen auch die abschließenden Sätze einiger Artikel das hier herausgearbeitete Leitmotiv der Ausstellung:

„Doch wer sich auf diesen Trip einlässt, wird einige sehr intime, überraschend schöne und zutiefst beunruhigende Momente erleben. 'Von Mäusen und Menschen' ist eine Feier der Subjektivität und beschwört wie lange keine Grossausstellung mehr die Fähigkeit von Kunst zu berühren und zu verunsichern" (Scharrer 2006),

„Als Gegenbild zur bunten Bilderwelt blühender Kunstmärkte wird diese Biennale noch lange im Gedächtnis haften" (Herchenröder 2006),

„Flawed and frequently jarring it may be, but this is an important, timely exhibition. This is no survey show, no feebly themed biennial. The curators have attempted to construct if not a narravite, then a journey. They want the things they have chosen to speak, both for themselves, to one another, and to us [.../...]" (Searle 2006).

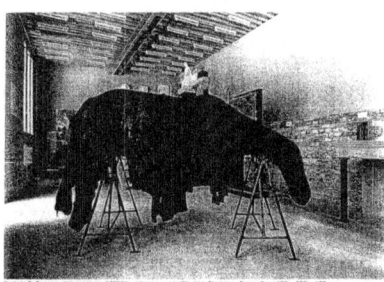

Abb. 23: Beispiele der Abbildungen von "lichaam (corpse)" von De Bruyckere in der Presse
(links) Handelsblatt, 30.03.2006
(rechts) Kunst 21, Ausgabe 16, Mai 2006

6 Fazit

In der vorliegenden Arbeit wurden drei Sequenzanalysen im Sinne der objektiven Hermeneutik von ausgewählten Kunstwerken aus der Großausstellung „Von Mäusen und Menschen" durchgeführt. Sequenzialität, die für das Verfahren der objektiven Hermeneutik unabdingbar ist, wurde mit der Verwendung des von Lüddemann erfolgreich auf Kunst angewandten Gerüstes gewährleistet. Dieses Gerüst wurde dennoch leicht verändert, um Zusammenstellungen und Ausstellungsorte der Großausstellung „Von Mäusen und Menschen" zu berücksichtigen. Hinter dieser Veränderung liegt die Überzeugung der Autorin, dass insbesondere Ausstellungsorte Konnotationen in sich tragen, die die Rezeption von Kunstwerken unweigerlich beeinflussen.

In der Tat stellte der Einbezug von Ausstellungsort und Zusammenstellungen der hier wahrgenommenen Großausstellung eine deutliche Verschiebung in den Deutungen der drei Kunstwerken heraus. Die „im Vakuum" herausgearbeiteten Sinnstrukturen der Werke wurden im Kontext nicht verdreht, erlebten aber spürbare Abweichungen. Die abschließende Gegenüberstellung der Interpretationen der drei Kunstwerke, die auf diesen Abweichungen aufgebaut wurden, wies auf ein wiederkehrendes Gefühl bei den Interpreten hin: ihr Unbehagen vor unvermeidbaren Ereignissen des Lebens. Es wurde nun davon ausgegangen, dass diese Stimmung die gesamte Ausstellung durchdrang und als ihr roter Faden bzw. ihr Leitmotiv verstanden werden soll.

Aus dem Pressespiegel der bb4 bestätigten mehrere Artikel – insbesondere die Berichterstattungen von zwei maßgebenden Kunstkritikern – das hier herausgearbeitete Leitmotiv der Ausstellung. Sogar die anfängliche Vermutung der Autorin, dass die Kuratoren der bb4 sehr bewusst „Mandi III" als erstes Kunstwerk ihrer Großausstellung auswählten, wurde damit bestätigt. Die Arbeit leitete eine Stimmung der menschlichen Machtlosigkeit ein, womit die Kuratoren die ganze Schau prägen wollten.

Besonders wichtig ist es an dieser Stelle noch einmal zu betonen, dass ein Kunstwerk erst existiert, wenn es das Atelier eines Künstlers verlässt, um im öffentlichen Raum ausgestellt zu werden. Damit wird ein Dialog zwischen Kunstwerk und Öffentlichkeit initiiert, der die ursprüngliche, vom Künstler kreierte Bedeutung des Werkes, unvermeidbar beeinflusst. Figuren des Kunstbetriebs wie Galeristen, Kuratoren, Direktoren von Kunstinstitutionen spielen in diesem Dialog oft eine sehr zentrale Rolle, d.h. sie können die Rezeption eines Kunstwerkes stark beeinflussen. Catellan, Gioni und Subotnik verstanden ihre Aufgabe als Intervention in der Rezeption von Kunstwerken. Dies verfolgten sie, indem sie bewusst die Hauptsinnstrukturen der ausgewählten Werke durch klassische installative Zusammenstellungen und insbesondere durch den außergewöhnlichen Einsatz von geschichtsträchtigen Ausstellungsorten schliffen. Wie die hier durchgeführten Analysen herausstellen, erreichten sie in der Tat eine Verschiebung in den Deutungen der Kunstwerke und baten den Besuchern der Großausstellung „Von Mäusen und Menschen" somit neue, dramatisierte Bedeutungsnuancen der Arbeiten erfolgreich an. Ihre kuratorische Arbeit bestand nun hauptsächlich aus der Schärfung eines Gefühls bzw. einer Überlappung der Lebenswelten der Künstler und der Rezipienten: ihr Unbehagen vor unvermeidbaren Ereignissen des Lebens.

Die Universalität der Auseinandersetzung mit Themen wie Geburt, Alter, Krankheit und Tod ist augenscheinlich. Zweifellos machte die Verwendung der menschlichen Gefühle, die damit verbunden sind, die Großausstellung „Von Mäusen und Menschen" thematisch zugänglicher: „Es ist eine sehr lesbare Biennale geworden, zugänglich für Mensch und Maus, ohne dabei dumm zu sein" (Buhr 2006). Es wird somit – zumindest inhaltlich – ihr Erfolg bei einem deutlich breiteren Publikum begründet.

7 Schluss

Die 4. berlin biennale für zeitgenössische kunst war ein durchschlagender Erfolg. Besucherzahlen und Pressespiegel lassen keinerlei Zweifel daran. Inmitten einer inhaltlichen Krise des Formats „Großausstellung" und in einer heiklen Phase der Kulturpolitik Berlins, setzte sich diese Biennale beim breiten sowie beim Fachpublikum durch, sowohl national als auch international. Es bleibt die Frage nach dem „Warum?".

Die Ausgangsthese der Autorin war, dass sich dieser Überraschungserfolg im experimentierfreudigen, wie auch sorgfältigen Umgang der Kuratoren mit den grundlegenden Institutionen der Kunst – Museum, Ausstellung und Katalog – begründet. Aufgrund der knappen Darstellung dieser Arbeit wurde die These nicht auf dem gesamten Spektrum der Institutionen überprüft. Selbstverständlich hatte die Erklärung des Konzeptes der bb4, welche am Anfang dieser Arbeit dargelegt wurde, keinen Anspruch diese Forschungslücke in wenigen Abschnitten zu schließen. Die dortige Vermutung, dass sich der Erfolg der bb4 auch mit der vielfältigen Natur der Interventionen seiner Kuratoren begründen könnte, sollte nur als Anregung für weitere wissenschaftliche Arbeiten gelten. Zweifellos würde eine weitere Forschung in dieser Hinsicht der reichen Intertextualität der gesamten Veranstaltung gebührend Beachtung schenken und die vorliegende Arbeit vervollständigen.

Für die vorliegende Arbeit wurde ausschließlich die hier genannte Hauptausstellung „Von Mäusen und Menschen" mit einer engen Auswahl von drei Kunstwerken wahrgenommen. Damit wurden drei Sequenzanalysen im Sinne der objektiven Hermeneutik durchgeführt. Der Zusammenhang der Werke in ihrem installativen Kontext wurde dabei mit besonderer Sorgfalt beachtet. In der Überzeugung, dass die Entscheidung der Kuratoren geschichtsträchtige Räumlichkeiten für ihre Ausstellung zu benutzen darauf abzielte, in allen Werken eine gemeinsame Bedeutungsnuance hervorzurufen. Die durchgeführten Analysen festigten diese anfängliche Vermutung und halfen dabei, die Bedeutungsnuance herauszukristallisieren. Es handelte sich um ein Gefühl: das große Unbehagen der Menschen vor unvermeidbaren Ereignissen des Lebens wie beispielsweise Geburt, Alter, Krankheit und Tod. Der Einbezug des Pressespiegels der bb4 bestätigte diese Vermutung und betonte sogar die besondere Position von „Mandi III" von Kris Martin innerhalb der Schau. Es wurde davon ausgegangen, dass dieses

Gefühl der menschlichen Machtlosigkeit die gesamte Ausstellung durchdrang und als ihr roter Faden bzw. ihr Leitmotiv verstanden werden soll. Ausgerechnet in der unbestreitbaren Universalität des Gefühls, kann die Begründung des Erfolgs der Großausstellung „Von Mäusen und Menschen" gefunden werden: es machte sie zugleich für das Breite und das Fachpublikum zugänglich „ohne [dabei, *Anm. MC*] dumm zu sein" (Buhr 2006). Bemerkenswert ist darüber hinaus, dass Cattelan, Gioni und Subotnik in ihrer Wahl diese eine Überlappung der Lebenswelten der Künstler und der Betrachter zu schärfen sogar den gesellschaftlichen Auftrag erfüllten, der in der großzügigen Förderung der Kulturstiftung des Bundes impliziert war.

Schließlich soll an dieser Stelle noch einmal betont werden, dass es nicht das Ziel dieser Arbeit war, die kuratorischen Strategien dieser Großausstellung als mustergültig zu bezeichnen. Streng genommen wurde die inhaltliche Krise des Formats „Großausstellung" gerade von der pauschalierten Übernahme eines unzeitgemäßen Musters verursacht (vgl. die Biennale di Venezia und ihr veraltetes Konzept der Länder-Pavillons). Ziel war hier stattdessen zu zeigen, dass der Schlüssel des Erfolgs solch einer Veranstaltung *vor allem* in einer experimentierfreudigen, wie auch sorgfältigen Kommunikation mit Kunst und ihren Institutionen liegt.

8 Literatur

Kunstkommunikation
- Lüddemann, S.: Mit Kunst kommunizieren: Theorien, Strategien, Fallbeispiele. VS Verlag für Sozialwissenschaften, Wiesbaden 2007

Kulturmanagement, Kulturpolitik
- Klein, A.: Der exzellente Kulturbetrieb. VS Verlag für Sozialwissenschaften, Wiesbaden 2008 (2. Auflage)
- Klein, A.: Kompendium Kulturmanagement: Handbuch für Studium und Praxis. Verlag Franz Vahlen, München 2008 (2. Auflage)
- Zmijewski, A. (Hg.): P/ACT FOR ART: Statements zur Kulturpolitik und ein Vorschlag der 7. Berlin Biennale. Berlin, September 2011

Objektive Hermeneutik
- Bode, O. F.: Theoretische Konzepte der Unternehmenskommunikation. Studienbrief im Rahmen des Fernstudiengangs Management von Kultur und Non-Profit-Organisationen, TU Kaiserslautern, 2010
- Heinze, T.: Qualitative Sozialforschung: Einführung, Methodologie und Forschungspraxis. Oldenbourg, München 2001
- Heinze, T. / Lüddemann, S. / Heinze-Prause, R.: Bildhermeneutik: Wahrnehmen und Deuten von Kunst. Studienbrief im Rahmen des Fernstudiengangs Management von Kultur und Non-Profit-Organisationen, TU Kaiserslautern, 2009 (2. Auflage)
- Leber, M. / Oevermann, U.: Möglichkeiten der Therapieverlaufsanalyse in der objektiven Hermeneutik. In: Garz, D. / Kraimer, K. (Hg.): Die Welt als Text. a. a. O., Frankfurt a. M. 1994, S. 383-427
- Oevermann, U.: Klinische Soziologie auf der Basis der Methodologie der objektiven Hermeneutik – Manifest der objektiv hermeneutischen Sozialforschung. Frankfurt am Main 2002
(Online Publikation unter: www.ihsk.de/publikationen/)
- Peez, G.: Fotoanalyse nach Verfahrensregeln der objektiven Hermeneutik. In: Marotzki, W. / Niesyto, H. (Hg.): Bildinterpretation und Bildverstehen. Methodische Ansätze aus sozialwissenschaftlicher, Kunst- und

medienpädagogischer Perspektive. VS, Verlag für Sozialwissenschaften, Wiesbaden 2006

Format Großausstellung

- Enwezor, O.: Großausstellungen und die Antinomien einer transnationalen globalen Form. Fink, München 2002
- Liebs, H.: Drinnen oder draußen? In: Monopol. Berlin, Ausgabe 5, Mai 2011
- Obrist, H. U.: Everything you always wanted to know about curating. Sternberg Press, Berlin 2011
- Pfeffer, S. (Hg.): ALTE HASEN - Klaus Bußmann im Gespräch mit Kasper König. Verlag der Buchhandlung Walther König, Köln 2011
- Storr, R. (Hg.): One, two, many biennials: How do local conditions prompt and shape the spread of the global salon? In: Where art worlds meet: Multiple modernities and the global salon – International Symposium. Marsilio Editori S.p.A., Venedig 2007
- Vogel, S. B.: Biennalen: Kunst im Weltformat. Springer Vienna, Wien 2010

Gentrifizierung

- Muir, G.: Lucky Kunst. Aurum Press, London 2010
- Röger, K. (Hg.): Gentrifizierung: Mythos & Wahrheit und wie sich Mieter schützen können. Zitty. Berlin, Ausgabe 21, 2011
- http://gentrificationblog.wordpress.com/
- www.zeit.de/2010/17/S-Leipzig-Baumwollspinnerei

Über die vorherige Editionen der berlin biennale

- Wiesel, M. / Biesenbach, K. (Hg.): Berlin/Berlin. Anlässlich der 1. berlin biennale für zeitgenössische kunst. cantz Verlag, Ostfildern 1998
- Meta Bauer, U. (Hg.): 3. berlin biennale für zeitgenössische kunst - ausstellungskatalog. Verlag der Buchhandlung Walther König, Köln 2004

Über die 4. berlin biennale für zeitgenössische kunst

- Cattelan, M. / Gioni, M. / Subotnick, A. (Hg.): Checkpoint Charley. 4. berlin biennale für zeitgenössische kunst, Berlin 2005
- Cattelan, M. / Gioni, M. / Subotnick, A. (Hg.): Von Mäusen und Menschen: 4. berlin biennale für zeitgenössische kunst – Kurzführer zur Ausstellung. Hatje Cantz, Berlin 2006
- Cattelan, M. / Gioni, M. / Subotnick, A. (Hg.): Von Mäusen und Men-

schen: 4. berlin biennale für zeitgenössische kunst. Hatje Cantz, Berlin 2006
- Steinbeck, J.: Of Mice and Men. Ernst Klett Verlag, Stuttgart 1979
- 4. berlin biennale für zeitgenössische kunst: 1. Pressemitteilung (Bekanntgabe des KuratorInnen-Teams). Berlin 13.09.2004 (abrufbar unter: http://alt.berlinbiennale.de/index.php?sid=bb_08)

Pressespiegel der 4. berlin biennale für zeitgenössische kunst

Vor **der Eröffnung der bb4 (chronologische Reihenfolge)**
- So viele Gleise und kein Ziel: Die Probleme mit der Gegenwartskunst in Berlin. In: Frankfurter Allgemeine Zeitung. Frankfurt 18.09.2004
- Ohne Orte: Berlin Biennale nicht im Gropius-Bau. In: Frankfurter Allgemeine Zeitung. Frankfurt 04.08.2005
- Robecchi, M.: Maurizio Cattelan and Massimiliano Gioni. In: contemporary 21. Mailand, Ausgabe 77, 2005, S. 44
- Die Dreierbande – Die Kuratoren der vierten Berlin Biennale stellen ihr Konzept vor. In: Berliner Morgenpost. Berlin 27.12.2005
- Hat man Vertrauen in das Logo oder in die Kunst? In: Kultur-Kanal. Ausgabe 02, 2006, S. 18
- Heiser, J.: 4th Berlin Biennial 2006. In: Frieze. London, Ausgabe 96, Januar-Februar 2006, S. 127
- Maas, N.: Berlin, Auguststraße. In: Frankfurter Allgemeine Zeitung. Frankfurt 22.02.2006
- Bender, S.: Zwei Italiener und eine Amerikanerin. In: 030. Berlin, Ausgabe 7, März 2006, S. 5
- La Biennale firmata da Cattelan: A Berlino 80 artisti in una strada. In: Il Mattino. Neapel 22.03.2006
- Baier, U.: Wilde Mischung. In: Berliner Morgenpost. Berlin 24.03.2006
- Moulton, A.: Taking the Wrong's way to Berlin. In: Flash Art International. Mailand, Ausgabe März-April 2006, S. 46
- Nedo, K.: Es gibt kein Konzept. In: art. Hamburg, Ausgabe 4, 2006, S. 29

Nach **der Eröffnung der bb4 (chronologische Reihenfolge)**
- Buhr, E.: Auguststraße Aura. In: Frankfurter Rundschau. Frankfurt 25.03.2006

- Heiser, J.: Slapstick des Grauens. In: Süddeutsche Zeitung. München 25.03.2006
- Searle, A.: Memory lane. In: The Guardian. London 28.03.2006
- Badrutt Schoch, U.: Raum für Unbehagen. In: Der Bund. Bern 29.03.2006
- Schulze, K.: Rückzug nach innen. In: Financial Times Deutschland. Hamburg 29.03.06
- Klaas, H.: Stimmungsgeladene Inszenierungen. In: Weser Kurier. Bremen 30.03.2006
- Rautenberg, H.: In der Matschpfütze des Seins. In: Die Zeit. Hamburg 30.03.2006
- Herchenröder, C.: Kind der schwarzen Galle. In: Handelsblatt. Düsseldorf 31.03.2006
- Scharrer, E.: Aufwühlende Momente. In: BAZ Kulturmagazin. Basel 03.04.2006
- Smith, R.: Dark, unpretty mood pervades Berlin show. In: International Herald Tribune. Paris 10.05.2006
- Allen, J.: The 4th Berlin Biennial. In: Artforum. New York, Ausgabe 9, Mai 2006, S. 282
- Die Geschichte der Berlin Biennale. In: Kunst 21. Ausgabe 16, Mai 2006, S. 34
- Thon, U.: Albträume auf der Auguststraße. In: art. Hamburg, Ausgabe 5, 2006, S. 21
- Hirsch, A. / O'Brian, M.: Berlin Biennial 4. In: C Magazine. Toronto, Ausgabe 90, Summer 2006, S. 90

Über Künstler und Kunstwerke

Kris Martin, „Mandi III"

- Cecchinato, M.: Kunst im Kontext: „Mandi III" von Kris Martin. Hausarbeit im Rahmen des Fernstudiengangs Management von Kultur und Non-Profit-Organisationen, TU Kaiserslautern, 2011
- de Jongh, K.: Kris Martin. In: Personal Structures. Köln 2009, S. 248 – 251
- Martin, K. (Hg.): Lux umbra dei. Toohcsmi, Gent 2005

- Martin, K. (Hg.): K.M.. DruckVerlag Kettler, Bönen 2008
- McElheny, J.: Readymade Resistance. In: Artforum International. New York October 2007, S. 327-335
- Vitamin 3-D - New Perspectives in Sculpture and Installation. Phaidon, London 2009, S. 192-193

Vertretende Galerien
- Sies + Höke, Düsseldorf
  www.sieshoeke.com/artists/kris-martin
- White Cube, London
  www.whitecube.com/artists/k_martin/
  (Interview an Kris Martin. White Cube Hoxton Square, London 2008 abrufbar unter: www.whitecube.com/artists/k_martin/video/31/)

Florian Slotawa, „Ersatzturm"
- Burrichter, F.: Panorama – Florian Slotawa. In: PIN-UP. New York 2008, S. 99
- Fabbris, E.: Florian Slotawa. In: Mousse. Mailand, Ausgabe 11, November 2007, S. 43-45
- Knöfel, U.: Der Möbelpacker der Kunst. In: Der Spiegel. Hamburg, Ausgabe 2, 2008, S. 154
- Nedo, K.: HABEN = SEIN. In: art. Hamburg, Ausgabe 10, 2006, S. 80
- Puvogel, R.: Florian Slotawa. In: Kunstforum International. New York, Ausgabe 170, Mai - Juni 2004, S. 159-169
- Slotawa, F. (Hg.): Florian Slotawa. Hatje Cantz Verlag, Ostfildern 2002
- Slotawa, F. (Hg.): Florian Slotawa. Verlag für moderne Kunst Nürnberg, Nürnberg 2008
- Stations: Florian Slotawa - Meisterwerke zeitgenössischer Kunst: 47. 3Sat Kulturzeit, 2009

Vertretende Galerie
- Sies + Höke, Düsseldorf
  www.sieshoeke.com/artists/florian-slotawa
  www.sieshoeke.com/exhibitions/florian-slotawa-2011/press-release-de

Berlinde De Bruyckere, „lichaam (corpse)"
- Wieg, C. (Hg.): Mysterium Leib – Berlinde De Bruyckere im Dialog

mit Cranach und Pasolini. Hirmer, Halle 2011

Internet Quellen
- www.artinfo.com/news/story/31241/berlinde-de-bruyckere
- www.aerzteblatt.de/v4/archiv/artikel.asp?src=&id=89099&p=
- www.handelsblatt.com/lifestyle/kunstmarkt/ausstellungen/erfolg-mit-einem-verdraengten-thema/3480670.html?p3480670=all
- www.kulturfalter.de/index.php?id=994
- www.kulturagenda.be/rubrik/ausstellungen/kunst_die_unter_die_haut_g eht/
- lookwayup.com/lwu.exe/lwu/toEng?s=d&w=lichaam&slang=Nldf

Vertretende Galerie
- GALLERIA CONTINUA, San Gimignano / Beijing / Le Moulin www.galleriacontinua.com/english/artista.html?id_artista=5

Alicja Kwade
- Kwade, A. (Hg.): Alicja Kwade. Distanz, Berlin 2010
- Kwade, A. (Hg.): Materia Prima. Distanz, Berlin 2012

Internet Quellen
- www.artnet.de/magazine/alicja-kwade-artnet-questionnaire/images/1/
- www.artmagazin.de/kunst/7765/alicja_kwade_foerderpreis_fuer_skulptur

Vertretende Galerie
- Johann König, Berlin www.johannkoenig.de/56/alicja_kwade/selected_works.html

Lisa Lapinski
Vertretende Galerie
- Johann König, Berlin www.johannkoenig.de/37/lisa_lapinski/selected_works.html www.johannkoenig.de/148/37/lisa_lapinski/exhibitions/lisa_lapinski/pre ss_release.html

Fischli / Weiss
- Curiger, B. / Fischli, P. / Weiss, D. (Hg.): Fischli Weiss - Flowers and Questions. Tate Publishing, London 2006
- Curiger, B. (Hg.): Fischli Weiss - Flowers and Questions. Broschüre zur gleichnamigen Retrospektive. Tate Publishing, London 2006

Vertretende Galerie
- Sprüth Magers Berlin London
  www.spruethmagers.com/artists/peter_fischli_david_weiss
- Matthew Marks Gallery
  www.matthewmarks.com/artists/peter-fischli-david-weiss/
- Galerie Eva Presenhuber
  www.presenhuber.com/en/artists.html

Gattungen
- Meyer, J. (Hg.): Minimalismus. Phaidon Verlag, Berlin 2005
- Poeschke, J. / Weigel, T. / Kusch-Arnhold, B. (Hg.): Praemium Virtutis III – Reiterstandbilder von der Antike bis zum Klassizismus. Rhema-Verlag, Münster 2008
- www.toutfait.com/unmaking_the_museum/Reciprocal%20Readymade.html

Weitere Quellen
- Reichweite des Stadtmagazines Zitty
  http://de.statista.com/statistik/daten/studie/200095/umfrage/verkaufte-auflage-der-groessten-stadtmagazine/
- Garnison Friedhof
  www.garnisonfriedhof-berlin.de/plan.htm

VS COLLEGE
REVIEWED RESEARCH: KURZ, BÜNDIG, AKTUELL

VS College richtet sich an hervorragende NachwuchswissenschaftlerInnen, die außergewöhnliche Ergebnisse in Workshops oder Abschlussarbeiten erzielt haben und die ihre Resultate der Fachwelt präsentieren möchten.

Dank externer Begutachtungsverfahren fördert das Programm die Vernetzung des wissenschaftlichen Nachwuchses und sichert zugleich die Qualität.

Auf 60 - 120 Druckseiten werden aktuelle Forschungsergebnisse kurz und übersichtlich auf den Punkt gebracht und im Umfeld eines hervorragenden Lehrbuch- und Forschungsprogramms veröffentlicht.

__ Soziologie
__ Politik
__ Pädagogik
__ Medien
__ Psychologie

VS College

The manufacturer's authorised representative in the EU is Springer Nature Customer Service Centre GmbH, Europaplatz 3, 69115 Heidelberg, Germany. If you have any concerns regarding our products, please contact ProductSafety@springernature.com

Printed and bound by CPI Group (UK) Ltd, Croydon, CR0 4YY
25/03/2026
02078193-0008